当代世界学术名著
·政治学系列·

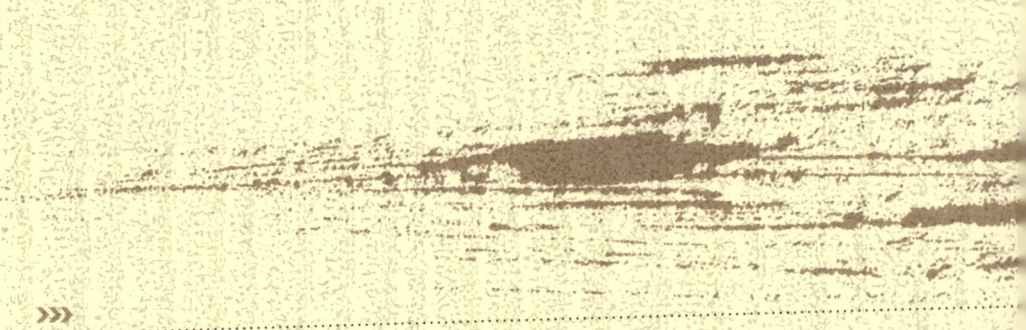

美国宪法的民主批判
（第二版）

[美] 罗伯特·A·达尔（Robert A. Dahl） 著
钱镇 译

How Democratic Is the
American Constitution?
(Second Edition)

中国人民大学出版社
·北京·

"当代世界学术名著·政治学系列"编辑委员会

总 主 编 华世平（Shiping Hua，美国路易威尔大学）
副总主编 吴 勇　欧阳景根　郭晓明

编　委

王浦劬	叶自成	丛日云	朱光磊	任剑涛	刘德喜	李 强
杨 龙	杨光斌	张小劲	林 冈	林尚立	金灿荣	周光辉
房 宁	胡 伟	贾庆国	景跃进	燕继荣

William A. Callahan，英国曼彻斯特大学
Lowell Dittmer，美国加州大学伯克利分校
Michael Fowler，美国路易威尔大学
Peter Moody，美国圣母大学
Lynn T. White，美国普林斯顿大学
Brantly Womack，美国弗吉尼亚大学
Quansheng Zhao，美国美利坚大学

出版说明

政治学是一门古老而又年轻的学科。在西方，有关政治学思想的系统研究和阐发，可追溯到古希腊时代柏拉图的《理想国》和亚里士多德的《政治学》。几乎在同一历史时期，中国也产生了十分丰富和系统的政治学思想，孔子、孟子、韩非子等一大批思想家治国理政的学说，对此后两千多年的中国政治产生了深远的影响。然而，作为一门独立的学科，政治学是19世纪末期在西方社会中形成的，其产生和发展的历史只有一百多年。

事实上，中国现代政治学的起步并不算晚。20世纪初，西学东渐，政治学课程开始在国内少数大学中讲授，如果从1905年设立专门学习法律和政治的京师法政学堂算起，中国政治学也已有了上百年的历史，只比美国政治学的历史短二十九年。此后由于种种原因，我国的政治学学科建设和发展长期处于停滞甚至一度中断的状态。改革开放以来，我国的政治学学科建设，按照邓小平关于政治学"需要赶快补课"的意见，做了大量工作，编写出版了一批教材和学术专著，引进了一批世界各国特别是西方各国的政治学著作，培养了一批专业人才。应当说，政治学的重建工作成绩斐然。当然，在看到成绩的同时，我们也不能否认发展中的不足。与其他社会科学学科相比，特别是与邓小平提及的"法学、社会学以及世界政治的研究"相比，我国政治学的发展速度似乎更慢些，与改革开放和社会主义现代化建设的现实要求似乎还有一定的差距。中国的历史、现实和未来，都要求中国有一门成熟的政治学学科在推动中国社会全面发展中起到积极的和建设性的作用。

既然中国现代政治学是由西方传入的，那么学习、借鉴西方先进的政治学理论，并将其运用到中国问题的研究中，进而发展中国本土的政治学，是中国政治学发展的现实选择。当然，西方的理论不一定适合中国，其学术观点、理论预设等也不完全为我们所认同，但对处于相对落后的中国政治学来说，以开放的思想对待西方的理论，通过比较、鉴别、有选择地吸收，在此基础上结合中国实际进行自主创新，不失为推动中国政治学发展的一条捷径。

正是出于上述考虑，中国人民大学出版社邀请国内外政治学界的专家学者，精诚协作，组织翻译出版了这套"当代世界学术名著·政治学系列"。出版这套译丛，旨在将过去半个世纪西方政治学的经典学术著作系统地译介给中国读者，为国内政治学研究和教学提供借鉴和参考。总的来看，这套译丛具有以下几个特点：

第一，权威性。所选著作均为当今世界尤其是西方政治学界最重要、最具影响力的著作，这些著作已经得到国外学界的一致认可，并在西方主流学界被反复引用。丛书作者包括罗伯特·A·达尔、塞缪尔·P·亨廷顿、埃莉诺·奥斯特罗姆、文森特·奥斯特罗姆、安东尼·吉登斯、伊恩·夏皮罗、约瑟夫·S·奈、罗伯特·普特南……一个个政治学界耳熟能详的名字，构成了这套译丛强大的作者阵容。

第二，全面性。在过去的几十年里，国外一些政治学著作被陆续译介到中国来，但这种翻译出版不是系统性的，而是零散的。本套译丛是国内系统地、大规模地翻译出版国外政治学著作的第一次尝试，它试图涵盖政治学的主要研究领域、主要研究方法，以及不同的学术流派，包括比较政治、政治学基础理论、政治学研究方法、政治思潮、政治经济学、国际关系、政党政治、政治社会学、政治心理学等领域。

第三，前沿性。本套译丛选择了西方政治学领域很有影响的学术流派，如新制度主义、后行为主义、全球治理、公共选择理论等的著作，以期促使国内政治学专业领域的学者和学生能较为及时地了解西方政治学理论研究的最新发展。

本套译丛于2008年由中国人民大学出版社开始策划和组织出版，并邀请美国路易威尔大学的华世平教授担任译丛总主编，他对部分原著的推荐、译者的选择以及译丛的编辑出版工作作出了重要的贡献，我们十分感激！参与本套译丛翻译工作的译者大多是本领域的学术骨干和中青年专家，都具有政治学博士学位，并有翻译西方社会科学著作的经验。中国人民大学、北京大学、清华大学、南开大学、复旦大学等多所高校政治学系的专家学者，以及社会各界人士对本套译丛的翻译工作给予了热情关注，并提出了宝贵意见。对此，我们深表谢意！

限于水平，这套译丛的编校工作还存在些许不妥和不足之处，敬请读者不吝指正为感。

中国人民大学出版社
2012年5月

译者前言

罗伯特·A·达尔（Robert A. Dahl）是美国杰出的民主理论家。他出生于1915年12月17日，2014年2月5日病逝。今年是他的一百周年诞辰，这本书的再次翻译出版因此有了特别的纪念意义。

达尔的经历较为简单，他1940年获耶鲁大学哲学博士学位，1946年起执教于耶鲁大学，在那里执教40年，直到1986年退休。然而，他的学术成果却不简单。他是上世纪60年代美国政治科学行为革命的领导者之一，也是多元民主理论的提出者。他很早就把现实生活中的数据和实用分析用于政治学研究，同时保持着对更宏大议题的判断力，在许多政治学家越来越集中于狭窄的、往往是技术性的问题时，他把人们带回大图景、大问题中。因为卓越的学术成就，他曾于1963年和1990年两次获伍德罗·威尔逊奖，1995年获约翰·斯凯特政治科学奖，还曾于1966年出任美国政治学会主席。他"得到了一个学者能得到的一切荣耀"。

达尔一生笔耕不辍，出版了二十多部著作，发表了上百篇文章，其中大部分是对民主理论的研究，下面对此做一概要梳理。

上世纪50年代晚期和60年代早期，达尔与米尔斯（C. Wright

Mills）就美国政治的性质发生了一场争论。米尔斯认为，美国政府掌握在单一的、狭小圈子中的权力精英的手上。达尔反驳道：实际上有许多不同的精英，权力广泛分布于公民、利益集团和政党之间，他们相互间既竞争又妥协，不存在单一的占绝对地位的团体或联盟。达尔将此称作多元政体（polyarchy）或者多元主义（pluralism），认为，一个以政治商讨、竞争性选举和多元精英为特征的多元主义民主（pluralist democracy）才是现代民主的模式，这就是他的多元主义民主理论。

1956年，达尔出版了《民主理论的前言》（*A Preface to Democratic Theory*）一书，分析和批判麦迪逊式民主和平民主义民主这两种西方最具有代表性的民主理论，指出：麦迪逊式民主过分夸大了政府官员之间相互制约的重要性，低估了利益多元化的社会中存在的社会制约和平衡作用；平民主义民主理论主张的政治平等的多数人规则也难以实现，现实民主是多重少数人的统治。

1961年，他出版了《谁在治理》（*Who Governs?: Democracy and Power in an American City*）一书，就近解剖耶鲁大学所在的康涅狄格州纽黑文市。通过对该市正式的和非正式的权力结构的分析，印证了他的多元民主的理论。

达尔并不认为现实社会中的多元主义民主是完美无缺的。1983年，他在《多元主义民主的困境：自治与控制》（*Dilemmas of Pluralist Democracy: Autonomy vs. Control*）中指出，在当代民主国家中，社会演化出各种社会组织以代表多元利益。这些社会组织如果太弱，就会造成中央政府或总统强权；如果太强，又使得中央政府或总统施政成本太高，甚至无效。在这种两难处境中实现多元民主，很难拿捏得恰到好处，而要充分发挥多元主义民主的潜力，就必须克服现实政治中多元主义体系的缺陷。

民主是不是应该局限于经济领域？在经济领域要不要讲民主？达尔于1985年出版的《经济民主理论的前言》（*A Preface to Economic Democracy*）对此做了回答。达尔明确提出，要将"政治民主的原则延伸到行业企业中去"，以此挽救"平等与民主"。

多元民主的存在是有前提的，它依存于多元社会。1989年，已经退休了的达尔出版了《民主及其批评者》(Democracy and Its Critics)一书，论述了多元社会的本质。他认为，多元社会具有现代性的品质，具有社会动态属性，具有多元主义特征，存在大量相对自治的团体以及组织，这种现代动态多元社会（modern dynamic pluralist society）支持着多元政体。因为，这种社会有助于权力分散，不利于权力集中，它也培育了支持民主的信仰，人们通过协商和讨价还价，达成妥协，实现互利。

作为一个长期研究民主理论的专家，达尔清醒地认识到，人类社会并没实现民主的理想，也许民主的理想状态永远没法达到。那么，理想中的民主是什么样的？未来的民主可能是什么样的？怎么能更好地实现民主？1998年，他出版的《论民主》(On Democracy)回答了上述问题。

讨论完民主的理想，达尔以理想的民主为尺，要量量美国的宪法。2002年，他出版了《美国宪法的民主批判》，书名的直译是：美国宪法有多民主？(How Democratic Is the American Constitution?) 这本书量出了美国宪法中不民主的因素。

全书开篇，便提出了美国人为什么要维护宪法的问题，达尔的回答是，维护宪法的理由应该是它能最大限度发挥人们的能力，实现种种民主价值。

在第二章，达尔指出，当年的制宪者尽管不乏才智，但受当时已有知识和历史时代的限制，也受客观条件的限制，在宪法的制定过程中有各州代表艰难的讨价还价，不能完全用宪政理论、高尚的原则或伟大的设计来加以概括。

在用民主的尺子衡量制定出来的美国宪法中，能发现七种重要缺陷：一是没禁止奴隶制，也没赋予国会禁奴权；二是没保证普选权，把选举资格认定权留给各州；三是有较大行政权的总统的选举既与大多数民众无关，也不受国会控制；四是参议员由州立法机关选出，而且一任便是六年；五是不论人口多少，各州都有同等席位的参议员；六是制宪者们没能限制司法部门的司法审查权,导致司法立法;七是对国会权力的限制阻止了联邦政府对经济的调节和控制,而这在复杂的现代社会是必不可少的。

达尔接着指出这样一个重要事实,在随后的美国历史进程中,美国公民把民主更深入地推进,超出了当时制宪者所能接受的程度。宪法通过后,便以修正案及政治实践和政治制度的方式来加以改变。

达尔总结道:宪法的不民主的方面有的未必是制宪者的原意,有的是他们没预料到后来的变化,也有的是相互妥协的产物,还有的是为了防范多数民众可能带来的危险故意安排的。因此导致了宪法的合法性和民主的合法性之间的紧张关系。

美国宪法能被其他国家当成榜样吗?达尔在第三章回答了这一问题。美国的联邦制是由历史机缘决定的,强大的两院制只存在于四个发达民主国家中,不平等的代表权给国家层面的多数人的统治设置了障碍,非选举产生的、带有自己的意识形态、个人见解和偏好的法官被赋予制定影响美国民众生活和福利政策的权力,相对多数的选举制度有利于两党制,遏制了在这个地域辽阔、风格多样的国家实现多党制的可能,总统集国家元首和最高行政长官于一身,就好比同时做君王和首相。这样的"带头大哥"不那么让人信服。

第四章讨论总统选举。美国的制宪者建立了选举人团制度,由各州推出的选举人而不是普通民众投票选举总统,试图让总统选举更明智、更好控制。这种制度的弊病很快就体现出来了,选出来的总统不一定是多数民众支持的总统,因而是不民主的。多数美国人支持修改这一制度,但是制宪者们对修宪的限制把这条路堵上了。

美国宪法是不是能实现较好的目标呢?达尔在第五章回答道:从稳定性上讲,美国的宪政安排没能阻止内战。达尔在此发出劝告:美国复杂的宪政体制可能不适合向别的国家输出。从保障基本权利上讲,达尔通过比较发现,权利和自由的差别并非源自宪政体制,而是依赖于一个社会的精英和普通民众共同持有的信念和文化。在公平对待公民上,美国的实践表明,多数制选举常常不能产生能反映多数选民选择的政府。

在促进共识上，比例原则导致更少输家，能强化共识，强于多数原则。美国的政治要求总统既是精明强干的政客，又要成为所有人的道德楷模，这是强人所难。民选总统与民选国会并存，人们搞不清谁该为政策的成功或失败负责。

美国的宪法要不要更好地体现政治平等、成为更民主的宪法呢？达尔在第六章指出，过去的两个世纪，人类在平等方面已经取得了巨大成就，因此，进一步的政治平等是可能的，平等的逐渐增长累积起来相当于革命。从道德上讲，政治平等目标的合理性体现了一切人平等的内在价值；从实践上讲，它为以往工人、妇女、少数民族的平等参与所证实。达尔指出，托克维尔强调在平等与自由和基本权利间的冲突是犯了致命的错误。政治平等不是对基本权利和自由的威胁。共享民主的人们，不可避免地认可并支持更大范围的权利、自由和机会。

美国的宪法能不能更民主呢？达尔在第七章给出的回答并不乐观。已经存在的州不会解散，总统制没法摆脱，体现在参议员产生方式上的代表权的不平等也将继续存在。美国不存在共识文化，因而也就不便施行共识制度民主。不过，达尔还是提出了两条建议：一是更广泛、深入地讨论、研究宪法及其缺点；二是减少现有政治资源分配上的巨大不平等，以在现行宪法范围内实现更大程度的平等。

成文宪法难改变，不成文宪法相对容易改变。这是达尔在第八章讨论的内容。改变的办法包括用比例代表制与单一成员选区相结合的选举制度取代现行的相对多数选举制。

给美国宪法挑出这么多问题，达尔否定了美国的民主了吗？没有。在正文结束时，达尔指出，在美国这个巨大的、成长中的、多样的、进步的和繁荣的国家里，民主和政治平等的观念和理想深刻地影响了美国的政治生活、信念、文化和制度，他为此而自豪。

达尔的论著层层深入地分析研究民主，体现着他对民主、对政治平等的不懈追求。达尔早年曾做过码头搬运工，后来成为一名社会主义者和工会的支持者，他对民主、对平等的偏爱或许与他这一经历有关。

达尔对民主理论的研究，既有翔实的数据、可信的案例分析做支撑，又有逻辑严谨、令人信服的理论推演；既有冷静、客观的学术分析，又体现出深刻的人文关怀。他尊重前人的思想成果，却不盲从，而是与之进行平等、睿智的对话，发现他人不足，提出自己的主张；他认同美国的政治制度，但不神化它，而是要设法找出其中的毛病，并提出解决的办法。学者风范让人赞叹。达尔留下了一笔丰厚的民主理论的遗产，给后人以启发，激励着后人为了民主、为了平等，继续前行。

在分析美国政治不民主的方面，达尔并不孤独。哈佛大学教授罗伯特·D·帕特南（Robert D. Putnam）在《独自打保龄：美国社区的衰落与复兴》（北京，北京大学出版社，2011）一书中，就曾表达对美国公民参与热情度降低从而影响美国民主运行的担忧。新奥尔良大学教授皮特·F·伯恩斯（Peter F. Burns）的《仅有选举政治是不够的——少数群体利益表达与政治回应》（北京，中央编译出版社，2011）一书，通过对美国黑人和拉丁美洲人的大量调查，揭露了少数群体利益不能充分表达，政治回应因而不足的问题。布朗大学教授威廉·赫德森（William Hudson）更是在 American Democracy in Peril-Seven Challenges to American's Future 一书中，系统介绍了对美国的七个挑战，并提出应对方法。中国学者王绍光的《民主四讲》（北京，三联书店，2014）和佟德志的《现代西方民主的困境与趋势》（北京，人民出版社，2008）也是这方面的学术佳作。如果想进一步了解，可阅读他们的著作。

致 谢

应邀做耶鲁大学卡斯尔讲座,促使我对多年逐渐形成的关于美国宪法的想法进行一次集中思考。尽管我已经在各种论文和著作中提出过一些看法,但直到为该讲座写初稿时,其他部分内容在很大程度上都还不清楚,或没展开。本书包含了 2000 年初秋本人做卡斯尔讲座的基本内容,并略做改动和扩充。

伦理学、政治学、经济学项目主任杰弗里·加勒特(Geoffrey Garrett)邀请我做这个系列讲座。他和伊恩·夏皮罗(Ian Shapiro)对我提出的讲演主题给予了热情支持,在此深表谢意。

珍妮弗·史密斯(Jennifer Smith)为我的研究提供了宝贵的帮助,在此致谢。

还要感谢温德尔·贝尔(Wendell Bell)、卡伊·埃里克松(Kai Erikson)、弗雷德·格林斯坦(Fred Greenstein)、斯蒂文·希尔(Steven Hill)、马尔科姆·朱厄尔(Malcolm Jewell)、约瑟夫·拉帕龙巴拉(Joseph LaPalombara)、罗杰斯·史密斯(Rogers Smith),感谢他们有益的提问、修正和贡献。感谢耶鲁大学出版社阿里·彼得森(Ali Peterson)认真细致的编辑工作和拉莉萨·海默特(Larisa Heimert)

在整个出版过程中对手稿处理提供的娴熟、热情的帮助。

最后，我想借此机会向参加该讲座的听众表达谢意，他们的提问和评论使我在讲演的许多方面有新发现，并从中受益，从而使得本书中的阐释更清晰、详尽。

目 录

第一章　导论：基本问题 …………………………………………… 1
第二章　制宪者不知道的事 ………………………………………… 5
　　未知之事 ……………………………………………………… 6
　　制宪者不能做的 ……………………………………………… 7
　　制宪者宪法中的非民主成分 ………………………………… 10
　　制宪者的宪法遭遇新兴的民主信念 ………………………… 12
　　制宪者宪法的民主变化：修正案 …………………………… 16
　　其他修正案 …………………………………………………… 17
　　政治实践和制度中的民主变革 ……………………………… 17
　　民主革命：麦迪逊的教训与教导 …………………………… 19
第三章　模范宪法：美国人的错觉 ………………………………… 28
　　联邦制还是单一制 …………………………………………… 29
　　强大的两院制 ………………………………………………… 30
　　不平等代表权 ………………………………………………… 31
　　对国家立法的强势司法审查 ………………………………… 36
　　选举制度 ……………………………………………………… 37

政党制度 ································· 40
　　独一无二的总统制 ······················· 41
第四章　选举总统 ······························ 50
　　选举人团制度是如何产生的 ············· 51
　　为什么采用选举人团制度？ ············· 52
　　失败 ····································· 53
　　内在的民主缺陷 ······················· 54
　　可弥补的缺陷："赢者通吃" ············· 55
　　我们应当改变还是取消它？ ············· 56
　　对选举人团制度应该做什么？ ·········· 58
　　能做什么？ ····························· 59
第五章　宪政体制绩效如何？ ················ 63
　　维护民主的稳定 ······················· 64
　　保护基本权利 ·························· 66
　　民主的公平性 ·························· 67
　　鼓励共识 ······························· 70
　　美式混合 ······························· 73
　　民主的效能 ····························· 76
第六章　为何不是更民主的宪法？ ··········· 82
　　作为国家标识的宪法 ··················· 82
　　政治平等是现实的目标吗？ ············· 83
　　如何取得更大的政治平等？ ············· 86
　　政治平等是合理的目标吗？ ············· 87
　　政治平等威胁自由吗？ ················· 88
第七章　思考更民主宪法的前景 ·············· 95
　　宪法的有限作用 ······················· 95
　　宪政机构 ······························· 96
　　权力 ····································· 99
　　权利 ····································· 100

最高法院的民主角色	101
大的变化可能吗？	102 |“

第八章 进一步思考：改变不成文宪法 105
  成文与不成文的美国宪法 … 105
  参议院中平等的代表权＝公民不平等的代表权 … 106
  真的重要吗？ … 107
  超级多数：有原则还是无原则 … 109
  改革不成文宪法 … 111
  "赢者通吃" … 111
  为政党利益改划选区 … 113
  "赢者通吃"的替代方案 … 114
  比例代表制加单一选区制 … 115
  几点警示，几分希望 … 116

附录A　论"民主"与"共和"的概念 … 119
附录B　表格与图示 … 123
阅读参考书 … 128
索引 … 130
鸣谢 … 149

第一章　导论：基本问题

在这本简要的著作中，我的目的不是提议改变美国宪法的内容，而是建议改变思考宪法的方式。本着这样的精神，我将提出一个简单的问题作为本书的开篇：**为什么我们美国人应当认可我们的宪法？**

美国公民或许会这样回答：它自1787年以来一直是我们的宪法。在那一年，一些睿智者制定了这部宪法，随后，所有各州通过州会议批准了它。[1]但是，这样的回答导致了一个更深层次的问题。

为了理解这个更深层次问题的背景，我想回顾一下1787年夏天于费城召开的制宪会议的代表组成。虽然人们惯于假定，所有13个州都派了代表，但事实上，罗得岛州拒绝派代表出席，新罕布什尔州的代表在制宪会议召开几周后才抵达。结果，在6月和7月的几场关键性投票中，只有11个州的代表在场。此外，投票是以州计算的，尽管大多数时候大多数州的代表在投票时立场一致，但有时，内部分歧太严重，难以达成共识以至于根本无法投票。

因此，我的问题是：为什么我们今天还要受这样一份文件约束呢？它是200多年前起草的，起草者是55个凡人，而实际签署这一文件的只有39人，其中还有相当一部分是奴隶主，只有13个州投票通过了这部宪法，投票者总共不到 2 000 人，所有投票者都早已作古，并且大都被人遗忘了。[2]

我们的公民可能回答说，毕竟，我们美国人有通过修正案改变宪法的自由，并且也经常这么做。所以，现在的宪法说到底是建立在活在当下的我们这些人的同意基础之上的。

但是，在接受这一回答前，请允许我提出另一个问题：我们美国人可曾有机会就我们的宪政体系表达深思熟虑的见解？比如，有多少读这本书的人曾参加过全民公决，就是否愿意继续被现存的宪法统治作答呢？答案当然是，一个都没有。

3　我们的公民或许会转向另一种思路：既然有这样一部很适合我们的宪法，且它能继续很好地为我们服务，我们为什么还要改变它呢？

尽管这一提问不无道理，却引出另一个问题：是根据什么**标准**，得出宪法很适合我们这一结论呢？特别是，我们的宪政体系在多大程度上符合今天的**民主**标准呢？我将在下一章转向这一问题。

还有，如果我们的宪法确实如大多数美国人认为的那样好，为什么其他民主国家没如法炮制呢？正像我们将在第三章中看到的，所有其他的现代民主国家都采用了与我们很不同的宪政体系，为什么？

如果说，与其他发达民主国家的宪政体系相比，我们的宪政体系是独一无二的，那么，这些差别是使我们的体制更好还是更差？或者这些差别根本无足轻重？我将在第四章讨论这一难题。

假如我们发现，很少或根本没有证据可以证明，我们的宪政体系优于其他可资比较的民主国家的宪政体系，而且，在某些方面，它实际上可能运行得更糟，那么，我们应该得出什么结论呢？

作为对这些问题回答的一部分，我建议，首先应该这样看待我们的宪法：它只是一套基本的制度和实践，设计这些制度和实践的目的是为了最大限度地实现民主价值。但是，如果**政治平等**是一种重要的民主价值，它会不会威胁我们珍视的权利和自由呢？在第五章，我将证明，政治平等可能会威胁权利和自由这一观点（这是包括托克维尔在内的人所捍卫的观点）是缘于对民主与基本权利之间关系的误解。

第一章　导论：基本问题

问题依然存在：如果用民主的标准衡量出我们的宪法在某些重要的方面存在缺陷，要不要改变它？怎么改？正像前面所说，我的目标与其说是建议修改现存宪法的内容，倒不如说是鼓励我们改变**思考**宪法的方式，无论这部宪法是现存的、它的修正版本，或是一部新的、更民主的宪法。为此，在本书的最后一章，我将简要地评论一些可能的改变，以及实现这些改变的障碍。

※　※　※

在探讨这些问题前，需要澄清两件事。一件纯粹是术语上的。在讨论1787年制宪会议期间宪法的形成过程时，我将把出席会议的代表称作"制宪者"（Framers），而不是人们常说的开国元勋（Founding Fathers）。这是因为，许多理应列在开国元勋名单上的人，并未出席制宪会议，包括约翰·亚当斯（John Adams）、塞缪尔·亚当斯（Samuel Adams）、汤姆·潘恩①（Tom Paine）、托马斯·杰斐逊（Thomas Jefferson）这些名人。（据我的统计，制宪会议的55名代表中，仅有8人曾签署《独立宣言》。）

第二件既是术语上的，也是实质性的。一些读者可能会争辩说，开国元勋（包括制宪者）的想法是要创立共和政体，而不是民主政体。这种主张在美国人中并不罕见。而从这一前提出发，人们就会顺理成章地认为，美国不是民主政体，而是共和政体。虽然人们有时可以从宪法的主要设计师詹姆斯·麦迪逊（James Madison）那里得到对这一意见的权威性支持，但是，由于我在本书附录A中解释的诸种原因，这种主张是错误的。

更重要的是，从这一主张的前提出发并不能得出宪法不可更改的结论。无论制宪者的主观意图是什么，只要认定他们在道德上、政治上或宪政上是错误的，我们今天就不用受他们的束缚。事实上，两个多世纪以来的经验表明，无论什么时候，只要有足够的、有效多数的美国人认为宪法制定者的观点**是**错误的，他们就会修改宪法。即使制宪者并不打

---

① 即托马斯·潘恩。——译者注

算在宪法中废除奴隶制,一旦后人认定再也无法忍受奴隶制并必须废除它时,他们就会修改宪法以符合自己的信念。

即使一些制宪者更倾向于贵族共和而不是民主共和的理念,但他们很快就发现,在詹姆斯·麦迪逊等人的领导下,美国人迅速采取行动,创造了一个更加民主的共和政体,通过这样做,他们几乎立即改变了制宪者原先创立的宪政体系。

【注释】

[1] 虽然在特拉华、新泽西和佐治亚三个州中的投票是全体一致同意,但是,其余各州则意见分歧,甚至有时在激烈辩论后仍难分伯仲。例如,在马萨诸塞州,代表们以187∶168平分秋色;新罕布什尔州是57∶47;弗吉尼亚州是87∶79;而在选票最接近的纽约州,宪法的支持者仅以3票之差险胜。

[2] 有10个州的制宪会议不是以全体一致的方式通过的,在1540名代表对宪法的投票中,964票赞成,576票反对。

第二章　制宪者不知道的事

即便如制宪者这样的智者，也必然受限于极大的无知。

这样说并非不敬。和其他很多人一样，我也相信，制宪者中不乏极具才能和公共美德之士。实际上，我认为詹姆斯·麦迪逊是我们最伟大的政治科学家，并且与他同时代的政治领导人或许是最富智慧和公共美德并甘愿献身于公共服务的人。在"制宪会议于美利坚合众国独立后第11年的1787年5月14日星期一〔原文如此〕在费城的州大厅召开"[1]之前的数周甚至数月里，麦迪逊像成绩优异的学生准备重要的考试那样，仔细地研读了最好的资料[2]以迎接制宪会议。然而，即使是麦迪逊，也不可能预见到美国共和政体的未来，更不可能从后来美国及其他地方的民主经验中获得教益。

受所在时代可用知识的局限，达·芬奇（Leonardo da Vinci）不可能设计出能上天的飞机——更不用说以他名字命名的宇宙飞船了，这样说，并没否定他的天才。受所能获取的知识的限制，1903年，莱特兄弟（Wright brothers）不可能建造波音707。虽然像许多人一样，我对本杰明·富兰克林（Benjamin Franklin）非常敬佩，但还是得承认，即便与今天电力工程专业一年级的学生或是偶尔帮助我家修理电线的电工相比，他的电学知识也是贫乏的。事实上,富兰克林能在著名的雷雨天风筝实验中逃生,实属万幸。我想,我们当中没有谁会雇一个只具备富兰克林那点知识的电工配接电线,也不会有谁计划在莱特兄弟的飞机上进行从纽约到伦敦的旅行。达·芬奇、富兰克林、莱特兄弟在他们的时代都是伟大的发明家,但是,他们都不可能拥有此后若干年和若干世纪才积累起来的知识。

制宪者们的知识——当然只是其中一部分人的——也许在1787年是最先进的。但是,对建立一个庞大的代议制共和国所需要的可靠知识来说,还是贫乏的。当时,合众国已经建立起来的代议制政府的规模是空前的,更不用说它在未来的日子里将要达到的规模,但历史并没提供真正与此相适合的代议制政府模式。大部分代表都很羡慕英国的宪政模式,而它却远非恰当的模式。罗马共和国也不能提供很好的借鉴。闻名遐迩的威尼斯共和国尽管曾经非常辉煌,却由不到两千人的世袭贵族进行统治,而且当时就已摇摇欲坠:大议事会后十年,一个科西嘉岛(Corsican)的暴发户①只需小小的一次军事进攻就将它推翻了。无论代表们能从历史经验中获得怎样的知识,这些知识至多与他们的思考有些许关联。

未知之事

不可预知的未来有许多重要方面,其中,四个波及面广的历史发展方向导致了制宪者当时没法获得相关知识,如果当时就拥有这些知识,他们很可能设计出不同的宪法。

第一,和平的民主革命很快从根本上改变了1787年宪政体制得以发挥作用的各项条件。

第二,作为对持续不断的革命的部分回应,新的民主政治体制将从根本上改变并重建制宪者精心设计的构架。

第三,制宪后的两个世纪,民主化在欧洲以及其他英语国家逐渐展开,

---

① 指拿破仑。——译者注

那些与美国体制大相径庭的宪政安排将会出现。不出一两代人的时间，甚至英国宪法也会变得与制宪者知道的（或他们自以为知道的）原来的宪法相去甚远，而且，这些变化的很多方面都是他们羡慕或希望模仿的。

第四，民主需要的因而也是民主共和需要的观念和信念不断演化，直到今天，也许还会持续到未来。民主不是静态的体系，无论是理解"民主"含义的方式，还是我们视为民主必备条件的实践和制度，都是如此。美国制宪会议后的两个世纪以来，民主的观念和制度不断延展，已经远远超出了制宪者的观念，甚至超越了像杰斐逊和麦迪逊这些曾发起向更加民主的共和制迈进运动的早期民主派的视野。

下面的章节中，我将逐一讨论这四个方面。这里，我想先指出阻碍制宪者合理取得成就的实际限制。

制宪者不能做的

制宪者不只受限于不可避免的无知，也严重地受制于能利用的机会。

我们得庆幸于一个至关重要的限定：制宪者只被限于考虑政府的**共和**形式。这一限制使他们不但相信共和政府比其他政府形式优越，而且坚信，他们对共和主义的高度评价会被所有的美国人完全认同。无论制宪者在别的事情上如何自行其是，他们心里都清楚，不可能提议建立君主政体或贵族政体。正像马萨诸塞州的代表埃尔布里奇·格里（Elbridge Gerry）指出的："我们的同胞中不反对走君主制道路的，不足千分之一。"[3]从麦迪逊的记录[4]看，唯一支持君主制的代表是亚历山大·汉密尔顿（Alexander Hamilton）。汉密尔顿的发言不明智地支持了这个人们内心不欢迎的制度，从而大大降低了他在制宪会议上的影响，这在后来长久地困扰着他。[5]把贵族政治修改后写进美国宪法，同样难以让人接受。在有关参议院的讨论中，宾夕法尼亚州的古文纳·莫里斯（Gouverneur Morris）曾提出从相当于英国贵族的美国人中确定参议员人选的可能性。[6]然而，不久就很明显，仅在确定哪些人可以成为这样的美国贵族上,代表们就没法一致,他们也很清楚,绝大多数美国公民不会容忍这样的政府。

第二个不可改变的限定就是13个州的存在,并且还会有更多的州加入。所以,为后来发展成为成熟、稳定民主制的多数国家所适用的宪政方案,即中央政府独占主权的单一制(比如,像英国和瑞典那样),根本不在讨论范围之内。因此,建立联邦制而不是单一制(unitary)的共和政体的必要性不能由普遍的历史经验原则所证明,也不能由政治理论推导,而只能自我证明。显然,如果美国人要联合起来组成统一国家,联邦的或邦联的体制就是势所必然。所以,在制宪会议上,各州要不要继续作为基本的构成部分(constituents)从来就不是严重的问题;唯一争论的问题是,各州将出让(如果有所出让的话)多大的自治权给中央政府。[7]

代表们不得不面对的另一个棘手的限制是:要想就任何宪政方案达成一致,需要制宪者做出根本的妥协。妥协的必要性及其可能导致的联合(coalitions)和互投赞成票(logrolling),意味着宪法不可能遵循一个连贯、统一的政府理论。妥协所以必要,是因为制宪会议的成员,就像整个国家一样,在一些极为根本的问题上存在不同看法。

奴隶制。 分歧之一是奴隶制的未来。南部5个州的多数代表坚决反对任何可能危及奴隶制的宪法条款。虽然其他7个州的代表对奴隶制并非意见一致,但他们很清楚,来自南方诸州的代表们接受共同存在于一个政体之内的唯一条件就是保留奴隶制。因而,这些代表若想通过联邦宪法,就必须退让,而无论他们对奴隶制的观点如何。事实上,他们的确这样做了。一些代表尽管痛恨奴隶制,但还是在最终文件上签了字,他们接受奴隶制的继续存在,是为了换取一个较强大的联邦政府的建立。

参议院中的代表权。 另外一个没有单方面妥协就不能解决的冲突源自小州代表们强硬地拒绝任何不能在参议院中实现各州平等代表权(equal representation)的宪法条款。平等代表权的反对者包括制宪会议的两个最杰出的代表,詹姆斯·麦迪逊和詹姆斯·威尔逊(James Wilson)。他们都是宪法的主要设计者。两个人都强烈反对限制国民的多数,认为这种做法是武断的、不必要的、不正当的。正像汉密尔顿在

第二章 制宪者不知道的事

评论这一冲突时所指出的,问题在于:"各州是应被最大限度尊重的个人及其权利的集合,还是由各部分组成的人为存在?没有什么比为了后者而牺牲前者更荒谬的了。据说,小州如果放弃了它们的**平等**,就同时放弃了**自由**。事实是,它们争的是权力,不是自由,生活在小州中的人的自由会比大州中的人少吗?"[8]

在小州获胜前,日益激烈的讨论中发生了这样一件事,特拉华州的冈宁·贝德福德(Gunning Bedford)于6月30日声称:

> 大州不敢解散邦联。如果它们这样做,小州就会寻找外部盟友,这些盟友会更忠诚,更值得信任,它们将与小州联手并给这些小州以正义。

对此,马萨诸塞州的鲁弗斯·金(Rufus King)回击道:

> 不提醒这位来自特拉华州的尊敬的先生几句,我就坐不下来……在这间屋子里,有人宣布将把他的希望从我们共同的国家移走,向外人寻求保护,有这种空前热情的人可不是我……这样的想法进入了他的内心,真让我悲伤……至于我本人,无论多么艰难困苦,也不会乞求外人。[9]

面对小州寸步不让的拒绝,麦迪逊、威尔逊、汉密尔顿以及其他平等代表权的反对者最终为通过宪法做出了原则性妥协。因而,平等代表权的解决方案不是宪政理论的产物,不是高尚的原则,不是宏大的设计,而只是一场艰难的讨价还价的实际结果。平等代表权的反对者为通过宪法最终做出了让步。[10]

这一矛盾同时反映了制宪会议在投票联盟方面的复杂性。参议院中反对平等代表权的小派别包括四位奇怪的伙伴:麦迪逊、威尔逊、汉密尔顿、古文纳·莫里斯。虽然四人通常都支持加强联邦政府的措施,但麦迪逊和威尔逊一般赞成倾向于更民主的共和体制的提议,汉密尔顿和莫里斯则倾向于支持更贵族化的共和制。

制宪者宪法中的非民主成分

　　正是在这些局限下，制宪者制定了美国宪法。毫不奇怪，这一宪法严重缺乏后人看来是民主共和政体所必需的一些条件。从后来更民主的角度看，制宪者制定的宪法至少包含七个重要缺陷：

　　奴隶制。第一，宪法既没禁止奴隶制，也没赋予国会禁奴权。实际上，在奴隶制问题上的妥协，不但否定了1808年以前国会禁止输入奴隶的有效权力，而且给道义上最令人生厌、最遭人反对的制度——《逃亡奴隶法》(Fugitive Slave Laws) 这一副产品以宪法上的支持。[11]按此法律，试图逃往自由州的奴隶须被遣返给主人，奴隶依然是主人的财产。[12]而废除奴隶制用了四分之三个世纪，还经历了血腥的内战，这一事实，起码使人怀疑制宪者制定的文件要不要被奉为圣书。

　　普选权。第二，宪法没有保证普选权，它把选举资格的认定权 (qualifications of suffrage) 留给了各州。[13]它不明言地把占人口一半的妇女以及非洲裔美国人和美洲原住民排除在外。[14]我们知道，大约过了一个半世纪，妇女才获得选举权的宪法保障；大约过了近两个世纪，总统和国会才克服了少数州的有效否决权，通过了保障非洲裔美国人选举权的立法。

　　总统选举。第三，行政权赋予总统，而根据制宪者的意图和设计，总统的选举得与大众多数和国会控制隔绝。正如我们看到的，制宪者实现这一目的的主要设计是，让特别具有智慧和品德的人组成总统选举人团体，由他们在不受民众意见影响的情况下选择主要行政长官。这一设计几乎立即就被那些赞同美国人民不断增长的民主冲动的领导人扔进了历史的垃圾堆，其中就包括詹姆斯·麦迪逊本人。也许，没什么比这更清楚地显现制宪者在预见民主共和政体下的政治形态方面的无能了。（我将在第四章更多地讨论选举人团制度。）

　　选择参议员。第四，参议员不是由人民而是由州的立法机关选择的，一任六年。[15]这种安排虽然无法满足古文纳·莫里斯等代表试图建立贵族式上院的野心，却能确保参议员较少地回应（responsive）大众多数，并且可能对财产所有者的需要更敏感。因而，参议员起着制衡众议员的作用，而后者全部由民众直接选举产生，两年一次。[16]

参议院中的平等代表权。创建一个参议院，以作为贵族式上院的共和版本的企图转变为对另一个完全不同的问题的冗长、激烈的争吵，即各州应该在国会中被平等地代表，还是两院代表名额都应该依据人口分配？参议院中平等代表权的问题不但引发制宪会议上最混乱的争论，而且导致了宪法的第五个不民主特征。正如我们所看到的，作为著名的——从民主的角度看则是臭名昭著的——"康涅狄格妥协"（Connecticut Compromise）的结果，每个州无论人口多少均拥有同等席位的参议员。这一安排没能保护大部分被剥夺的少数派的基本权利和利益，却让一些地位高贵、享有高度特权的少数派——比如奴隶主——在牺牲无权的少数派的情况下取得了在政府政策上与其人口不成比例的权力。（在后面的章节中，我还会探讨宪法中的这一方面。）

司法权。第六，制宪者制定的宪法没能限制司法部门宣布由国会合法通过并由总统签署的法律违宪的权力。代表们关于司法审查的想法将成为永远的谜；也许许多代表内心并不清楚这一问题，讨论时，也没达成充分的一致。他们多数人或许会接受这样的观点：联邦法院应该就上呈的案件对州法律和联邦法律的合宪性做出判决。尽管如此，大概相当大的多数认为，联邦法官不应参与政府法律和政策的制定，这一职责显然不属于司法机关，它属于立法机关。他们对司法机关扮演政策制定角色的反对立场，在对弗吉尼亚方案（Virginia Plan）的反应中得到充分表现。弗吉尼亚方案提议"行政机关和联邦司法机关适当数量的成员应该组成修正委员会（council of revision）"，该委员会有权否决国家立法机关的法案。这一提案虽然得到麦迪逊和梅森（Mason）的竭力捍卫，但还是以6州对3州的票数被否决。[17]

司法否决（judicial veto）是一回事，司法立法（judicial legislation）又是另一回事。无论一些代表认为最高法院大法官与行政机关共享否决国会通过的法律的权力多明智,我还是相当肯定,当时没有谁会对法官应该拥有立法、制定国家政策的权力这一建议给予哪怕些许支持。然而,代表们工作的结果却是,在审查国家和国会作为或不作为的合宪性的名义下,联邦法院法官从事了后来在某些例子中只能称其为司法的政策制定(judicial policy-making)的工作——如果你愿意,也可以称之为司法立法。[18]

国会权力。最后,国会的权力以某些方式被限制:这些方式能够、有时是真的阻止了联邦政府用所有现代民主政府都会采纳的手段调节和控制经济。例如,没有对收入课税的权力,就不可能制定财政政策,更别说像社会保障这样的措施。而且,联邦政府调节经济的行为——包括铁路运价、航空安全、食品和药品、银行、最低工资以及其他许多政策——都没有明确的宪法授权。尽管指责制宪者缺乏对这些问题的远见卓识,显然犯了时间超前的错误[19],然而,如果不以通过修正案的方式改变宪法,或对其条款进行大胆的重新解释(大概是通过我刚才称之为"司法立法"的行为),这部宪法就确实会妨碍后来的多数代表采纳他们认为在复杂的后农业社会实现效率、公平和安全的必要政策。

尽管从18世纪的标准看,制宪者制定的宪法也许是开明的,但是,有更多民主渴望的后代会发现,该宪法的一些非民主特征是应该反对的,甚至是不可接受的。此后不久,民众就表达出了这些不断增长的民主渴望。

即使是麦迪逊也不曾、也许是不能预测到即将到来的和平的民主革命。美国的革命很快就进入了一个新的、前途无法预料的阶段。

制宪者的宪法遭遇新兴的民主信念

我们也许会倾向于认为,美国的共和政体及其宪法只是具有过人智慧与超凡美德的领袖们的作品。然而,如果没有既忠实于政府的共和原则又有能力根据这些原则自我治理的公民,宪法很快就会成为一纸空文。正像历史经验所揭示的，在民主信念脆弱或缺乏的国家，宪法真的就成了一纸空文——很快就被践踏、遗忘。

不论领袖们有多高的天赋，美国的民主共和体制并不是只靠他们创造并长期维护的。可以肯定，是这些领袖根据自己的想法为共和制度设计了合适的框架。然而，是美国人民以及回应民众呼声的领袖们，使得新的共和政体很快成为民主的共和政体。

初始共和（proto-republican）阶段。美国人对支撑共和政府必需的观念、实践和政治文化并不陌生。不像有些国家，几乎一夜之间从独裁转为民主，然后很快又陷入混乱，回到专制。到1787年，美国人在政府治理的艺术方面已经积累了一个半世纪的经验。

漫长的殖民时代为领袖们和许多普通人提供了锻炼的机会，他们熟悉了自我治理的要求，这不但体现在乡镇会议这种直接形式中，还体现在通过选举代表组成殖民地的立法机关上。[20]我们很容易忘记，尽管《独立宣言》开头两段著名文字，提出了一些崭新、大胆的观点；然而，在文件的其余部分——今天已经很少有人读了——宣言起草者主要是抗议英国国王侵犯了他们以前作为英国人所享有的（被稍微夸大了的）权利。

共和阶段。接下来的阶段是创建大众共和政体（popular republic），它以1776年7月4日振聋发聩的《独立宣言》拉开序幕，"一切（男）人生而平等"。这一宣言标志着一系列事件的开始，美国人越走越远，而不只是从英国独立出来。在被历史学家戈登·伍德（Gordon Wood）宣称的"美国历史上最伟大的乌托邦运动"中[21]，宣言还引发了一场信仰、实践和制度上的民主革命——确切地说是演进，由此一直持续至今。独立后的20年为自治实践提供了更多、更深入的经验，这一经验也不再局限于一小批少数派。在13个州中的某些州，相当高比例的成年男子得到了公民权。[22]

走向民主共和。长期的殖民地以及独立后的经验，为美国人着手下一阶段的革命打下了坚实基础，革命中新成立的共和国被改造成**更民主**的共和国。可以肯定，在18世纪末，很少美国人愿意承认，《独立宣言》的原则——不太民主的公民权——适用于每一个人。[23]还要经过

23 两个世纪的民主信念演进，大多数美国人才愿意接受：或许可以重新表述《独立宣言》中的著名主张，即不只是"所有男人"（all men），而是"人人生而平等。"（all *persons* are created equal）

不过，得记住，若以世界其他地方流行的标准衡量，美国人中的平等程度非同寻常，它是个巨大、持久的例外。亚历克西斯·德·托克维尔（Alexis de Tocqueville）于1831—1832年访美一年，其间，他对美国人进行了观察，他以这样的文字开始其名著：

> 在合众国逗留期间，我见到了一些新鲜事物，其中，最吸引我注意的，莫过于身份平等。我毫不费力地就发现，这一基本的事实对社会的整个进程产生了不可思议的影响，它指引着舆论的特定方向，规定着法律的特定要旨，向执政者传授新的治国箴言，塑造着被统治者特有的习性。
>
> 很快地，我便看到这一事实的影响远远地超越了政治的特征和国家的法律。它规范着政府，对公民社会的影响也不低于前者。……
>
> 我对美国社会的研究越深入，就越发现身份平等乃是件根本大事，所有其他的事情似乎都不过因它而起，因此，我就越是把我的观察长久地停留于此。[24]

24 早在托克维尔访问前30年，在杰斐逊、麦迪逊以及其他人的领导下，追求更加民主的共和政体的人们已经给美国带来了变化。制宪者和联邦党人的观念已被急剧转变，标志性的事件是在国会和总统选举中，一个更了名的政党取得了胜利，这被杰斐逊以及后来的历史学家称为"1800年革命"。为打败联邦党人，赢得选举，取得对新政府的控制，杰斐逊和麦迪逊创建了一个政党，并且恰当地将它冠名为民主共和党（Democratic-Republican Party）。到1832年，随着安德鲁·杰克逊（Andrew Jackson）赢得该党总统候选人的身份，民主共和党改为民主党（Democratic Party），这个名字，简单明了[25]，沿用至今。

制宪者中保守派的代表——后来成为联邦党的核心——担忧，如果普通民众能轻易掌握权力，就会制定与较有特权的阶级的利益和观点相

第二章 制宪者不知道的事

反的政策,在保守派的代表看来,这些特权者的利益同时也是国家的最大利益。这些保守派的担忧很快得到证实。不出十年,显赫的联邦党领袖被弃置一边,联邦党也成了少数党。一代人之后,人们就见证了这一政党及其领袖地位的衰落。

如果这些变化能证明许多制宪者关于大众多数的某些悲观看法是正确的,那么,在另一个重要的方面,他们的悲观论调则是不正当的。相当多的制宪者相信,他们必须为大众统治设置宪政壁垒,因为人民是一群难以驾驭的暴民,是对法律、有序政府和财产权的持久威胁。与这些悲观的评价相反,当美国公民被赋予了权利、有机会支持煽动者时,他们选择了支持法律、有序政府和财产权。毕竟,美国的白人男子主要是自己拥有土地的人,或者虽身在耕地不易获得的地方(因为大部分耕地已被占据),却能指望在更远的西部得到现成的好耕地——他们也的确往往能够得到,尽管是以牺牲早先居住在那里的美洲原住民的利益为代价。

大批美国白人购买了西部的土地,并在自己的农场定居。"弗吉尼亚州有三分之二的无地白人在1790年代移居西部……在1800年到1820年间,跨越阿巴拉契亚山脉的人口由30多万增加到200多万。"[26]杰斐逊反思他所处时代的现实,预见到在这样一个民主的共和政体,作为其基础的公民的绝大多数由独立的农民组成,并且主要是些耕作自己土地的财产所有者。[27]在南方以外,甚至包括南部山麓地带,绝大多数的美国公民是自由的农民,他们享受着有序政府带来的好处,政府则依赖他们的选票。

普通公民还表露出对民主价值和程序的强烈信念。一有机会,他们就会选择那些培育民主价值和程序的领导人。1798年,联邦党人通过了四项法令,为这种表达提供了机会。当时联邦党人既警觉法国的看似颠覆性的活动,也担忧新的共和党中粗鲁无礼、有时还恶意中伤他人的对手影响的迅速扩大。为此,他们通过四项法令中的《惩治叛乱法》(the Sedition Act),试图让共和党人的批评消音。被起诉的14个人中,最著名的是夸夸其谈、有点令人讨厌的共和党众议员、爱尔兰移民马修·莱昂（Mathew Lyon），他对美国历史唯一值得纪念的贡献就是被判定犯有煽动暴乱罪，并处罚款1 000美元（这在当时是一笔巨款）和四个月的监禁。[28]对共和党人来说，《惩治叛乱法》是对新通过的宪法第一修正案明目张胆的侵犯。共和党通过1800年大选控制了总统职位和国会后，《惩治叛乱法》就失去了效力，尽管联邦党人对此竭力反对。

制宪者宪法的民主变化：修正案

《外侨法》和《惩治叛乱法》（Alien and Sedition Acts）的命运，标志着更大的变化正在这个国家发生。民主革命虽然会永远存在，但断断续续、不太确定，它不但以通过修正案的方式使正式的宪法本身实现民主化，还创造了一种新的民主政治制度和实践，在这一框架下，宪政体制得以运作。新出现的宪政体制不再是制宪者创立的宪政体制，也不是他们希望创立的宪政体制。

《权利法案》。可以肯定的是，不能把宪法的头十条修正案，即《权利法案》，归因于制宪会议后的民主革命。相反，《权利法案》的通过来自制宪会议上部分代表提出的要求。与他们的同事相比，这些代表一般赞成更加民主的政治体制。在这些人中，最具影响力的是乔治·梅森，他曾起草弗吉尼亚宪法及其权利宣言。作为对梅森等人坚持不懈要求的响应，同时也顾及来自制宪会议外的类似声音，梅森的弗吉尼亚同乡詹姆斯·麦迪逊起草了10条修正案，修正案于1789—1790年间得到批准，批准的共有11个州，超过了必需的有效数量。（顺便提及，佐治亚州和康涅狄格州直到1939年才慢腾腾地批准了这一法案！）因此，就全部实际意义看，《权利法案》是最初宪法的一部分。无论如何，宪法的头十条修正案都被证明是扩展民主秩序不可或缺的恩赐（veritable cornucopia）。[29]

其他修正案

正像我已经指出的,最初宪法允许的最严重违反人权的**奴隶制**,直到 1865—1870 年间才由国会通过第 13、14、15 条修正案纠正。1909 年提出、1913 年通过的第 16 条修正案,赋予国会颁布**所得税法**的权力。1913 年通过的第 17 条修正案使**合众国参议员的选举**由州立法机关选出让位于直接选举。1919 年第 19 条修正案的通过,使**妇女**最终取得了在联邦和州选举中的普选权。虽然在宪法中加入一条平等权利修正案的努力失败了,但是,第 14 条修正案后来被解释成是为消除对妇女及其他仍然遭受歧视的少数群体的**歧视**提供宪法基础。1964 年的第 24 条修正案终于禁止了不公正的**人头税**,这些人头税妨碍了南方一些州的非洲裔美国人参加选举。最后,在一场扩大选民范围的运动中,1971 年通过的第 26 条修正案把**选举年龄**降低到 18 岁。

以这种踯躅的方式,民主革命通过宪法发生作用,克服了根深蒂固的少数人的否决权,消除了宪法中一些最不可容忍的非民主特征。正如艾伦·格兰姆斯(Alan Grimes)几年前指出的,这 26 条修正案(现在是 27 条)中,"有 21 条修正案可以说是确认了民主权利或是民主程序的原则"[30]。

政治实践和制度中的民主变革

制宪者制定的宪法不只以正式修正案的方式更改,它也能以制宪者没预料到的政治实践和制度从根本上加以改变。这些变革在民主共和体制下是不可避免的——也的确是人们热情向往的。

政党。这些变革中,政党或许是最重要的。制宪者害怕和厌恶派系,在《联邦党人文集》第 10 篇中,麦迪逊明确地表达了这一看法。[31]恐怕没有别的陈述会如此经常地被引用，以解释和证明制宪者企图写进宪法的对大众多数的制衡。极大的讽刺是，正是麦迪逊，而不是除杰斐逊以外的其他人，帮助创立了共和党，以打败联邦党人。杰斐逊和麦迪逊帮助美国奠定了竞争性的两党体制，尽管这一体制在许多年内都没稳定下来，但两党竞争体制从此确立，延续至今。

由此产生另一个问题。尽管世界上每个地方的每个政党都声称，自己真正代表了普遍的利益，可是，政党不就是麦迪逊意义上的派系吗？那么，制宪者是不是也没能防止派系的政府呢？他们是否仅仅成功地使占多数的派系——也就是反映多数人联盟的利益的党——更难获胜呢？

无论这些难题的最佳答案是什么，都无法否认政党政治改造了宪法。尽管制宪者熟悉英国的托利党和辉格党，也熟悉本国立法机关中新生的政党，他们却无法充分地预见到这样的事实：在民主的共和国中，政治党派不仅是可能的，而且是不可避免的，并且是人们期望的。正像杰斐逊和麦迪逊很快意识到的，如果没有一个有组织的政党动员他们在各州的选民和国会中的支持者，就不可能战胜政治对手——那些稳居政治统治地位的联邦党人。《权利法案》中包含的民主权利使党派成为可能；有效竞争的需要使党派不可避免；能够代表在无政党的制度下不能被恰当代表的民众的能力使党派被人期待。

今天，我们理所当然地认为，政党和政党竞争对代议民主是必不可少的：我们确信，完全没有竞争性政党的国家不是民主国家。如果制宪者曾经意识到政党在民主共和政体中居于核心的重要地位，他们会以不同的方式设计宪法吗？很可能会。至少他们不会创制荒唐的选举人团制度。

选举人团制度。 制宪者设计的有缺陷的选举人团制度导致了在1800年选举中，杰斐逊和竞选对手阿伦·伯尔（Aaron Burr）打成平手。1800年12月底这一结果被知晓，选举人团制度由此陷入僵局，难以解决这一问题，经过说服、妥协，直到1801年2月17日，一些州的代表改投他人或弃权，才选出杰斐逊为总统。[32]讽刺的是，制宪者用来使总统选举与政党政治绝缘的制度，成了宪政制度的第一个牺牲品。

1804年通过的第12条修正案防止了将来类似事件的发生，但即使有了这一修正案，党派政治还是把选举人团制度变成了将各州选票分配给总统和副总统的一种相当古怪和仪式化的方式。时至今日，选举人团制度依然保留着公然侵犯基本民主原则的特征：不同州的公民被不平等地代表，获得最多民众选票的候选人有可能由于没获得选举人团的多数而当不上总统。这样的结果不只是理论上的可能，在2000年的总统大选中，全世界人都看到了。此前，这种情况还发生过三次。我将在后面的章节再论述选举人团制度在民主上的缺陷。

民主革命：麦迪逊的教训与教导

詹姆斯·麦迪逊于1787年来到费城，彼时，他36岁的生日刚过几个月。他已经远不是政治上的新手了。早在25岁时，他就被选入弗吉尼亚制宪会议，在那里，他与乔治·梅森一起帮助起草了弗吉尼亚权利宣言及新的州宪法。之后，他先后当选弗吉尼亚立法会成员（虽然他没赢得连任，据说是因为他拒绝按照惯例以朗姆潘趣酒招待选民）、大陆会议的代表，以及再次当选弗吉尼亚立法会成员。制宪会议召开前数月，他草拟了提案大纲，这一大纲在制宪会议召开期间提了出来，并作为弗吉尼亚方案广为人知（我们将在下一章讨论其中某些内容）。

然而，就是这样经验丰富的人，也和一起参加制宪会议的其他代表一样，只给制宪会议带来有限的有关充分民主的共和所要求的制度和实践方面的知识。约半个世纪后，1836年，麦迪逊以85岁的高龄去世，去世前如能回首往事，人生的丰富经验会在许多方面重新塑造他的宪政观念。

制宪会议后，麦迪逊被选入合众国的众议院，在那里，他起草并提出了宪法的头十条修正案——《权利法案》。与杰斐逊一起，他很快成为反对联邦党人政策和观念的领袖。正像我们看到的，他们组织并领导了反对党，即民主共和党。杰斐逊当选后，麦迪逊成为国务卿。接着，又接替杰斐逊任总统。到 1817 年离任时，他在民主政治制度方面可能是那时在世的人中最见多识广的。

无论如何，1821 年时 70 岁的麦迪逊已不再是 1787 年时 36 岁的他了。在所有这些变化中，1821 年的麦迪逊可能远比 1787 年的麦迪逊更相信大众多数——美国的大众多数。因此，1821 年成熟、老练的麦迪逊可能不太会主张限制多数原则，而是更愿意促进它的实现。让我举几个例子，一个是他对民主共和要求较早的醒悟，其他是他晚年的反思。

第一个例子我已经间接地提到了：他对"派系"的看法发生了改变，或者正如两位著名的联邦主义史学家描述的，"麦迪逊修改了《联邦党人文集》"[33]。麦迪逊在《联邦党人文集》第 10 篇中的受到大卫·休谟（David Hume）作品影响的观点，无数次地被人引用，其中包括：派系的危险，按照与普遍利益相反的原则联合起来的多数人的威胁，政党至多只是必要的邪恶。然而，这些不是他更成熟的观点。

1792 年 1 月，制宪会议结束不到 5 年，麦迪逊开始在《政府公报》（The Gazette）上发表系列文章，这是由菲利普·弗雷诺（Philip Freneau）发行的反对派的报纸。第一篇的标题即为《论政党》。他写道：在"每个政治社会中，政党都是不可避免的"。为了与政党带来的危险做斗争，麦迪逊提出了五条建议。这五条建议，比《联邦党人文集》第 10 篇表现出的反多数原则的偏见，可能对我们当今时代更有益。政党无论会造成什么样的危险，都可以通过下述办法克服：

"通过在所有人中确立政治平等。"

"通过拒绝给予少数人不必要的机会，以免使他们借机通过无节制的尤其是不义的方式积累财富，增加财产的不平等。"

"通过在不侵犯财产权的前提下，平和地执行法律，把巨富削减到一般状态，把赤贫提高到舒适水平。"

"通过禁止对不同的利益承担者实行不同的对待措施，尤其是以牺牲一种利益群体为代价照顾另一种利益群体。"

"通过一个政党制衡另一个政党，只要政党的存在不可避免，且它们之间的观点又没法调解。"[34]

接着，他指出："如果说这不是理性的语言，那就是共和主义的语言"。

近30年后（1821年左右），麦迪逊整理他的有关制宪争论的笔记以准备出版时，记下了他后来的思考。关于选举权，他认为自己在制宪会议上的言论"不能表达发言者［即麦迪逊本人］对这一问题更全面、更成熟的观点"。这时，他坚持，"选举权是共和宪法中的一条基本条款"。他还明确地解释了自己对政党的看法："没有哪个自由国家中不存在政党，这是自由的自然产物。"但是，政党和更广泛的选举权可能产生财产权的冲突。"每个人群中明显而又永久的区分是土地所有者与其他居民之间的区分。"因此，如果选举权扩大到没有不动产的人手中，多数人就可能会威胁到不动产所有者的财产权。

接下来，麦迪逊考虑了解决这一问题的若干可能的方案。第一个方案是将选举权限制在"不动产所有者以及持有相当财产的人"之手。他否定了它，而否定这一方案的评论很可能是美国革命第二阶段的核心原则。他写道："反对这一规则的理由是很显然的。它侵犯了自由政府至关重要的原则，即，受法律约束的人应该在法律制定时享有发言权。而且，当法律的制定者只是少数人时，侵犯上述原则导致的不公会更触目惊心。"第二个方案是"将财产拥有者的选举权限于政府一个部门，而将不拥有财产的人的选举权限于另一部门"。但是，这一做法"无法在事实上做到既平等又公正"，并且这样做也是不慎重的："将国家划分为两个阶级……也许会导致斗争和反感，这无异于古代罗马的贵族与平民之间的关系。"

在考察了其他各种可能性后，麦迪逊总结道：

> 纵览各种观点，看来，在制定需要公民遵守的法律和选择将要统治他们的行政官员时，给公民大众说话的权利都是不可或缺的；而且，如果只能有以下两种选择，一是对每个政府部门的选举都有平等、普遍的选举权，二是把**整个**权利限于一部分公民行使，那么，**最好应该把那些有较大利益受到影响，即既有财产权又有人身权的人在政府中享有的剥夺一半，而不应该全部剥夺拥有较小利益，即仅有人身权利的人**。[35]

晚年的麦迪逊更青睐多数原则。像多数同时代人一样，麦迪逊坚信："所有掌握在人手中的权力都易于被滥用。"但是，如果认为这一假设与建立政府的需要一样是公理，那么，相关的问题就成为：什么样的政府是最好的？他的答案一直没变：

> 在不受人民控制的政府中，全体人的权利和观点可能被牺牲，全凭政府做主。在共和政体中，人民自己统治自己，这当然是多数的统治，而对少数人来讲，它有危险，危险来自牺牲他们的权利以追求真实的或是想象中的多数人利益的诱惑。因此，没有哪种政府形式能彻底防止权力滥用。共和政体的可贵之处就在于，它滥用权力的危险比任何其他政体都少。[36]

而改变了的，是麦迪逊对多数原则更有信心了。成熟的麦迪逊坚信，至少与其他选择相比，多数原则，用马文·迈耶斯（Marvin Meyers）的话说，允诺了"最少缺陷的政府"[37]。

马文·迈耶斯在1833年写道："共和政府的每个朋友都应该发声，反对那种广泛指责多数主义政府，将它称作所有政府中最残暴、最不可忍受的政府的说法。"

> 据说，所有的政府都是一种恶。更恰当的说法是，对任何政府的需要都是种不幸。然而，存在这种需要。因此要解决的问题，不在于什么样的政府形式是完美的，而是什么样的政府形式缺陷最少。这里更为一般的问题则是，选择多数人统治少数人的共和政府，还是选择较少或最少数成员统治多数人的政府。
>
> 结果……是，我们必须借助告诫性的反思：由人设计和管理的政府，无一完美；因此，最少缺陷的政府就是最好的政府；所有其他政府对权力的滥用，迫使人们将共和政府作为所有政府形式中的最佳选择，因为它缺陷最少；因为共和政府至关重要的原则是**多数原则**（lex majoris parties），即多数人的意志。[38]

※　※　※

我相信，如果美国制宪会议于1820年召开，经过了后来的深思熟虑后，会制定出与1787年宪法非常不同的宪法——当然我得赶快补上一句，我们永远也不会知道这个宪法会是什么样。然而，我们有理由相信，代表们会设法给民主共和提供更多支持，设置更少障碍。

就1787年宪法的非民主特征，我提出四点结论。

第一，就我们可以猜测的范围而言，宪法中从民主的观点看最有缺陷的方面，不一定全都反映了制宪者的意图。虽然这些缺陷都可追溯到制宪者的工作，但在某些情况下，上述缺陷是由于这些才华横溢的艺术家没能预见到其精心设计的政府机构在随后变化的环境中如何运作而导致的——环境的变化主要出于民主革命的冲击，美国人掀起了这场革命，我希望他们继续。

第二，最初设计中的一些非民主方面还出于互投赞成票和妥协，这些都是达成一致所必需的。制宪者不是寻求如何描绘理想制度的哲学家，也不是被委以权力进行统治的哲学王——在这一点上，我们也许得永远感激他们。他们是讲求实际的人，渴望建立强大的全国性政府，因为讲求实际，所以做出妥协。如果他们当初拒绝妥协，这个国家的状况会比现在好吗？我对此表示怀疑。但无论如何，他们的确妥协了，甚至今天，宪法中还有他们让步的结果。我将在下一章更多地谈论这一点。

第三，或多或少地被故意安排进宪法的非民主的方面高估了大众多数（无论如何是美国的大众多数）的危险，低估了美国人为发展民主做出贡献的力量。结果，为了使最初的框架更好地适应新出现的民主共和体制，最初宪法的某些方面随着时间的推移发生了变化，有时是以修正案的形式，有时又通过新的制度安排和实践，例如政党。

最后，尽管在我看来，这些缺陷很严重，将来可能会更严重，但是，美国人不太倾向于考虑制定另一部宪法，也不是很清楚什么样的替代安排能更好地服务于他们。

因此，我认为，美国人对宪法合法性的信念与其对民主合法性的信念间仍将长期处于紧张状态。

就我而言，我相信，宪法的合法性应该只是源于它作为民主政府工具的效用——不多也不少。在最后一章，我将进一步反思这一判断的含义。

【注释】

[1] 引文出自制宪会议的笔记，见 Max Farrand, ed., *The Records of the Federal Convention of 1787*, 3 vols. (New Haven: Yale University Press, 1966), 1: 1。由法仑德（Farrand）编纂的这 3 卷本于 1987 年重印时加上了第 4 卷，即由赫特森（James H. Hutson）编纂的补编（*Supplement*），(New Haven: Yale University Press, 1987)。我所提及的制宪会议的记录主要引自这 4 卷本，以下再次引用时将简化作 *Records*。

[2] William Miller, *The Business of May Next: James Madison and the Founding* (Charlottesville: University Press of Virginia, 1992), 41ff。兰斯·班宁（Lance Banning）写道："麦迪逊来到费城，他是来参加联邦制宪会议的人中准备最充分的……他首先准备了对古代和现代其他邦联制度的历史和结构进行了精心研究的笔记。"参见该书第 115 页。

[3] *Records*, 1: 425.

[4] 制宪会议期间，麦迪逊做了大量的笔记，他后来对这些笔记进行了编辑，并同 1819 年出版的非常简略的制宪杂志（*Journal of the Convention*）进行比较。麦迪逊的笔记在他去世后于 1840 年出版。在前面的注释中，我提到了由法仑德编纂的一套书，麦迪逊的笔记就是其中的一部分。这里，我保留了麦迪逊所使用的标点符号和拼写。

[5] 正如麦迪逊在笔记 282 页及其后中记录说，汉密尔顿在 6 月 18 日做了一次发言："他毫不犹豫地宣布……英国政府是世界上最好的政府……至于行政机关，似乎得承认，没一个好政府可以建立在共和原则上……英国模式是在这一论题上唯一的好模式。"（*Records*, 1: 288, 299）

[6] 为制衡全国立法机关中的众议院，第二院的"成员必须有大笔的个人财产，必须具备贵族精神；必须自豪地以贵族为荣……贵族政治的主体应该如民主政治的主体一样，既独立又坚定……为了保持独立，它应该是终身任职的"。（*Records*, 1: 512）出于对英国体制一如既往的美慕，在制宪会议的第一次发言中汉密尔顿即指出，"（英国的）贵族院是最高贵的机构。没有求变的希望，有因自己的资产形成的足够的利益，忠实于国家的利益，他们形成了永久的壁垒，防止任何有害的变革。"（*Records*, 1: 288 (June 18)）

[7] 部分代表主张取消州，将权力集中于中央政府。特拉华州的代表乔治·里德（George Read）"不喜欢保证领土的观念，这一观念支持各州间界线分明，这会成为不和谐的永久根源。如果不能完全地消除州的划分并将它们并入一个大的社

会，这一罪恶就无法消除"。（Records，1：202（June 11））他在几天前的6月6日，也做了类似提议。（Records，1：136-137）汉密尔顿在首场发言中提议"各州的州长或是最高行政长官应由中央政府任命，在其所在的州，州长或最高行政长官应该有权否决要被通过的法律"。（Records，1：293）

[8] Records，1：466。

[9] Records，1：492-493。我以第一人称做这些评论。麦迪逊的笔记是以第三人称记录的。

[10] 众议院中平等代表权的支持者在6月29日遭受挫败，6个州赞成，4个州反对，一个州（马里兰州）产生分歧。参议院中的平等代表权的提议陷入僵局，7月2日的结果不分胜负（5：5，佐治亚州产生分歧），7月7日的投票结果是6个州赞成，3个州反对，2个州（马萨诸塞州和佐治亚州）产生分歧。（Records，1：549）

[11] 宪法第一条第九款。对就奴隶制问题唯一充分的公开争论的优秀报告，见 Joseph J. Ellis, *Founding Brothers*: *The Revolutionary Generation* (New York: Alfred A. Knopf, 2000)，81-119。这一争论于1790年3月在众议院发生，源于对贵格会会员们（Quakers）在纽约和费城提出的"要求联邦政府立即取消非洲奴隶贸易"（81页）的请求的回应。

[12] 宪法第四条第二款。

[13] 宪法第一条第二、三款。

[14] 对美国公民身份演变的权威研究请参见 Rogers Smith, *Civic Ideals*: *Conflicting Visions of Citizenship in U.S. History* (New Haven: Yale University Press, 1997)。宪法忽略女性、美洲原住民和非洲裔美国人公民权的研究，参见该书第130~134页。

[15] 宪法第一条第三款。

[16] 选举人应具有该州"州议会中人数最多之一院"的选举人所需之资格。（参见宪法第一条第二款）。

[17] Records，2：83。

[18] 有关最高法院有时扮演此种角色的证据，参见我的"Decision-Making in a Democracy: The Supreme Court as a National Policy-Maker," *Journal of Public Law* 6, no. 2, 279-295。

[19] 公正地讲，在当时对任何增加联邦权力的措施都强烈反对的情况下，制宪者已经走得尽可能远了。他们的主要对手即反联邦党人视宪法为国家层面上对大众政府的威胁，认为国会规范州际贸易的权力是过分的。Richard L. Perry, ed.,

The Sources of Our Liberties：*Documentary Origins of Individual Liberties in the United States Constitution and Bill of Rights* (New York：American Bar Association, 1959), 240.

[20] 有关北美殖民时期大众政府的思想和实践的发展，参见 Edmund S. Morgan, *Inventing the People*：*The Rise of Popular Sovereignty in England and America* (New York：W. W. Norton, 1988), esp. Chs. 8 and 9, 174-233.

[21] Gordon S. Wood, *The Radicalism of the American Revolution* (New York：Alfred A. Knopf, 1992), 230.

[22] 数量没法确定了。某些州在殖民地时期就出现了对选举权的严格限制。"同样不清晰的是究竟多少人能够和真正参加了选举。在历史学家中，这是争论之源：一些人认为，殖民地时期的美国是一块中产阶级民主的乐园，所有白人成年男子中大约有80%或90%被授予公民权；另一些历史学家则描述了一个为少数人垄断的、排外的政治体制。实际上，公民权因地点不同而大不相同。当然有一些社群，尤其是那些新定居在土地比较便宜地区的社群，70%或80%的白人有公民权。也有一些地区……这一比例低得多，接近40%或50%。新英格兰和南部地区（尤其是弗吉尼亚和南北卡罗来纳）有公民权的比例似乎高于大西洋中部的殖民地（尤其是纽约、宾夕法尼亚和马里兰）；毫不奇怪，新定居的地方，有公民权的比例高于比较发达的地区。总体上，公民权要比英国普及；随着革命的临近，财产所有权的比率下降了，符合选举条件的成年白人男子的比例可能低于60%。" Alexander Keyssar, *The Right to Vote*：*The Contested History of Democracy in the United States* (New York：Basic Books, 2000), 7.

[23] 关于宪法中排除了妇女、美洲原住民和非洲裔美国人的公民权，见 Keyssar, 130-134.

[24] *Democracy in America*, trans. Henry Reeve (New York：Schocken, 1961), 1：lxvii.

[25] 虽然杰斐逊及其后继者常常称其政治团体为"共和党"，但他们的政党早在1796年就取名为"民主共和党"，这一名字一直沿袭，直到1828年的选举。1820年，门罗作为民主共和党的候选人参加竞选，亚当斯作为独立民主共和党（Independent Democratic Republican）的候选人参加竞选。1824年，所有四个候选人——亚当斯、杰克逊、克劳福德（Crawford）和克莱（Clay）都是民主共和党内部派别的候选人。1828年，杰克逊以民主共和党的候选人身份参加竞选，亚当斯则作为国家—共和党（National-Republican）的候选人参加竞选。1832年，杰克逊

以民主党候选人的身份参加竞选，克莱则以国家—共和党候选人的身份参加竞选。Congressional Quarterly, *Presidential Elections Since 1789*, 2nd ed. (Washington, D. C.：Congressional Quarterly, 1979), 19-27.

[26] Joyce Appleby, *Inheriting the Revolution：The First Generation of Americans* (Cambridge, Mass.：Harvard University Press, 2000), 65.

[27] "土地办公室在边疆开张后，土地买卖兴旺了。1800年，大约67 000英亩土地落入私人之手；到1801年，达到497 939亩。1815年时，每年的土地交易额多达150万美元，4年后翻了一番还多。"Appleby, *Inheriting the Revolution*, 64. 正如戈登·伍德(Gordon Wood)评论指出的，"成千上万的普通百姓由东部向西部进发，一代人时间里占据的土地超过了殖民时代150年内占据的"。"Early American Get-up-and-Go," *New York Review*, June 29, 2000, 50.

[28] 对此的无情描述，参见 Stanley Elkins and Eric McKitrick, *The Age of Federalism：The Early American Republicanism, 1788-1900* (New York：Oxford University Press, 1993), 706ff.

[29] 人们也许会怀疑（我自己也深深怀疑），宪法第二条修正案中规定的"人民保有和佩带武器之权"有何现代意义。无疑，当代人认为它对保有自由、免受危险的中央政府之苦很重要。

[30] *Democracy and the Amendments to the Constitution* (Lexington, Mass.：Lexington Books, 1978), 166.

[31] *The Federalist* (New York：Modern Library, n. d.), 53ff.

[32] 对妥协前常见阴暗手段的描述，见 Bernard A. Weisberger, *America Afire：Jefferson, Adams, and the Revolutionary Election of 1800* (New York：William Morrow, 2000), 258-277.

[33] Elkins and McKitrick, 263 et seq.

[34] Quoted, ibid., 267.

[35] *Records*, 3：452-455. 黑体为后加。

[36] *The Forging of American Federalism：Selected Writings of James Madison*, Saul K. Padover, ed. (New York：Harper Torchbooks, 1953), letter to Thomas Ritchie, 1825, 46.

[37] Marvin Meyers. ed., *The Mind of the Founder：Sources of the Political Thought of James Madison* (New York：Bobbs-Merrill, 1973), 520.

[38] Ibid., 523, 525, 530.

第三章　模范宪法：美国人的错觉

许多美国人似乎相信，我们的宪法是其他所有民主国家的典范。[1]然而，那些与美国的政治制度最具可比性、民主体制长期存在且没发生中断的国家，没有一个采用了美国式的宪政体制。可以公正地说，它们无一例外地拒绝了美国模式。为什么？

探讨这一问题之前，需要澄清两个问题。正如你可能注意到的，有时，我不是简单地谈宪法，而是用"宪政体制"（the constitutional system）这一术语。原因是，我想把**正式**的宪法中明确规定的和可能没有规定的一整套制度全包含在宪政**体制**之中，而没规定在内的是选举的安排。我们将看到，选举制度能以至关重要的方式与其他政治制度发生互动，从而决定后者发挥作用的方式。

刚刚提到的那些民主政治悠久、牢固的国家，可称为"老牌的民主国家"（the older democracies）、"成熟的民主国家"（the mature democracies）或"稳定的民主国家"（the stable democratic countries）等等，但是，我将使用"发达民主国家"（the advanced democratic countries）的说法。无论怎样称呼，为了将美国宪政体制的特征和表现与其他民主国家宪政体制的特征和表现相比较，需要列出一批可进行合理比较的民主国家。简单地说，我们不想把苹果跟橘子进行比较，或是将好苹果与烂苹果相比较。

我注意到，通过与由非民主的政权统治的国家，或是与遭受暴力冲突、长期腐败、经常混乱、政权崩溃或被推翻等的国家相比，美国人往往对自己政治体制的优越性十分自信。一提起或是听到别人对美国政治生活的批评，美国人常常会加上一句："是的，但是，把它同×比比吧！"冷战时期人们特别喜欢提的"×"是苏联，苏联解体后则是俄罗斯。人们可能轻而易举地挑出一百多个其他国家，几乎按各种标准衡量，其政治体制都比我们的差。然而，这种比较是荒唐的、不相干的。

在我看来，最可资比较的是这样一些国家，其基本的民主政治制度已经不间断地运行了相当长时间，至少也有半个世纪，也就是自1950年至今。包括美国在内，世界上有22个这样的国家[2]（见附录B表1和表2）。对我们的研究目的来说幸运的是，这些国家相关的社会和经济状况也是可以比较的：这些国家当中没有一个是"烂苹果"。毫不奇怪，它们大多数是欧洲国家或英语国家，只有几个例外：哥斯达黎加，唯一的拉丁美洲国家；以色列，唯一的中东国家；以及日本，唯一的亚洲国家。

考察这些发达民主国家宪政结构中的基本要素，可以发现，美国的体制多么与众不同。实际上，在22个老牌民主国家中，我们的体制是独一无二的。[3]

联邦制还是单一制

首先我们会发现，另外21个国家中，仅有7个国家实行联邦制，其领土组成单位——州、区（cantons）、省、地区、领地（Länder）——以宪法明文规定和实践的方式，享有实质性的自治权和制定法律的重要权力。像美国一样，这些联邦国家基本的领土组成单位，无论是州、省、还是区，都不是简单地由中央政府立法创造出来，且原则上根据中央政府的意愿改变其边界和政治权力。它们是国家的宪政设计和政治生活的基本要素。

像美国一样，其中5个国家联邦制的建立与其说是自由选择的结果，不如说是历史的必然。多数情况是，联邦的构成单位——州、省、区，在全国政府完全实现民主化之前即已存在。在瑞士这个极端例子中，其组成单位早在瑞士邦联（Swiss Confederation）于1291年由3个阿尔卑斯山地区的行政区组建成立之前即已存在，邦联成立的时间早于美国5个世纪，此后7个世纪，瑞士的行政区（如今已经达到20个[4]）一直保持鲜明的独特性和自治。比利时又不一样了。它的联邦制是在强加于其多样化的地区性机构之上的单一政府存在很长时间后才建立的。正如16、17世纪佛兰芒人（Flemish）的绘画、纺织、商业和繁荣展示的一个辉煌时代提醒我们的，强大的佛兰芒人和瓦龙人（Wallon）在领土、语言、宗教和文化等方面存在巨大差异，这在比利时1830年成为独立国家前已存在很长时间了。尽管佛兰芒人和瓦龙人间存在持久的分裂，1993年，瓦龙、佛兰德和布鲁塞尔三个地区最终还是被赋予了宪法地位，建立了联邦制。应该指出，瓦龙人和佛兰芒人之间的深深裂痕，依然威胁着比利时作为一个国家的存在。

第二和第三个特征则直接源自联邦制的存在。

强大的两院制

联邦制的一个自然的（如果不是必然的）结果就是诞生了为每个联邦单位提供特别代表的第二院。当然，单一制下也会有第二院，而且历史上也都有第二院。然而，在一个单一制的民主国家，第二院的功能远不那么明显。美国制宪会议期间提出来的问题，今天仍在：第二院究竟被设定为代表谁，代表谁的利益？正像制宪者不能给出令人信服的回答一样，随着单一制政府民主国家中的民主信念日益增强，对这一问题的标准答案也变得更少具有说服力——实际上，对三个斯堪的纳维亚国家的人民来说，这一答案是如此没有说服力，以至于他们都取消了自己国家的第二院。像美国内布拉斯加州一样，挪威、瑞典和丹麦等国在没有第二院的情况下，看起来运作得也相当不错。甚至在英国，民主信念的逐步增强也创造出反对贵族院由历史赋予的权力的无情力量。早在1911年，自由派人士就取消了贵族院否决下议院通过"征税法案"的权力。在上个世纪里，民主信念的持续增长导致议会于1999年取消了除92个席位外的所有世袭席位，而这92个席位也将由其他世袭贵族选举产生。[5]这一古老议院的未来仍不确定。

所以，到20世纪末，由强大的两院组成的立法机关只在4个发达民主国家中存在，这些国家都是联邦制的：除了美国，还有澳大利亚、德国和瑞士。它们的存在提出了这样一个问题：在民主国家中，第二院能够以及应该扮演什么样的角色？为了让第二院恰当地发挥其功能（如果有功能需要发挥的话），它应该如何组成？正如议会委员会（Parliamentary Commission）就贵族院的未来进行协商时所指出的，这些问题没有简单的答案。因此，如果英国实际上完全取消了第二院（即使还存在一个影子上院），也不奇怪。

不平等代表权

联邦制的第三个特征是，第二院中存在着明显不平等的代表权。它指的是，来自各联邦单位（如州或省）的第二院成员的人数，不是根据其单位中成年公民或符合条件的选民数按比例分配的。事实上联邦体制中存在第二院的主要原因——可能是唯一的真正原因——是维持或保护**不平等**的代表权。就是说，它们的存在主要是为了保证小单位的代表不被大单位代表的选票轻易压倒。简而言之，这种设计是要在国家层面给多数人统治原则设置障碍。

为了更清楚地说明这一点，让我把"不平等代表权"这一概念的范围延伸到与"一人一票"原则相对立的、所有不同人的选票被赋予不同权重的制度。一种体制如果否认了其中某些人的选举权，就可以说这些人的选票计为零，符合条件的公民的选票则算作一票。如果妇女被排除在选举之外，一个男人的选票算作一张有效票，一名妇女的选票则计为零。当选举权有一定的财产要求时，财产拥有者在立法机关中拥有自己的代表，低于财产要求门槛的人就得不到代表，像妇女一样，他们的"选票"也计为零。英国议会的一些特权成员，如埃德蒙·伯克（Edmund Burke），曾提出过所谓的"虚拟代表权"（virtual representation），意指少数贵族代表整个国家的最大利益。但是，那些被拒之门外的大多数人民，很容易看穿这种轻率的虚构，只要有可能，他们就会拒绝这些虚妄，赢得选举自己的议员的权利。在19世纪的普鲁士，选民根据缴纳财产税的数量被分成三个等级。由于每个**等级**都得到同等数量的选票，无论各等级间的**人数**差别多大，结果都是一个富有的普鲁士公民所拥有的选票在效力上几乎相当于一个普鲁士工人选票的20倍。[6]

现在，转向美国：由于美国人的民主信条持续对政治生活施加影响，不平等代表权的最赤裸裸形式被适时抛弃了。然而，一个虽不受人注意、却是不朽的不平等代表权的形式今天仍然存在，而且可能无限期地继续下去。这就是著名的"康涅狄格妥协"的结果，它保证了每个州都可以选出两名参议员。

设想这样一种情形：你选举代表时投的票被计为1票，邻近城镇的一位朋友的选票却被计为17票。假设由于某种原因，你和你的朋友都改变了工作和住址。因为新工作，你迁到了朋友所在的城镇。由于同样的原因，你的朋友迁到了你所在的城镇。转眼之间，让你感到极大满足的是，你现在发现，仅仅因为搬家，就多得了16票，你的朋友却失去了16票。这很荒唐，不是吗？

然而，假如你居住在加利福尼亚州的塔霍湖（Lake Tahoe）西岸，向东迁移不足50英里，到内华达州的卡森市（Carson），你的朋友则从卡森市迁往塔霍湖你所在的小区，这种情形就会发生。正如我们都知道的，这两个州在美国参议院中的代表数相同。2000年，加利福尼亚州有3 400万居民，在参议院有两名代表。内华达州在参议院的代表数也是两个，可是，同一年，内华达州只有200万居民。由于美国参议员的选举是平等计票的，这样，在2000年参议员的选举中，一名内华达州居民的选票实际上相当于一名加利福尼亚州居民的17倍。一个加利福尼亚州的居民迁往阿拉斯加州可能会在气候上吃点亏，但是，他会赢得一张效力相当于加利福尼亚居民54倍的选票。[7]是否值得为这一交易迁徙不是我要说的，但它所揭示的代表权上的不平等却是对所有公民政治平等的民主理想的深深践踏。

某种程度的不平等代表权也存在于别的联邦体制中。但美国参议员选举中代表权的不平等程度却特别极端。事实上，在包括新兴民主化国家（总计有12个国家）在内的所有联邦体制中，在不平等代表权程度这一项指标上，超过美国参议院的，只有巴西和阿根廷。[8]

或者，假设我们衡量上议院代表数与各联邦单位的人口之间的比例。比如在合众国，康涅狄格州以两个参议员代表了略超过340万的人口，它的邻州纽约州则以两个参议员代表了1 900万的人口：两者的比例大约是5.6∶1。在极端的例子中，人口最少的却被过度代表的怀俄明州与人口最多的加利福尼亚州之间的比值甚至差不多是70∶1。[9]通过比较，可以发现，发达民主国家中，这一比例从奥地利的1.5∶1至瑞士的40∶1不等。实际上，只有巴西、阿根廷和俄罗斯的比例悬殊程度超过了美国。[10]

究竟基于怎样可能的理由，能为这种普选权价值的不同寻常的不平等辩护呢？

稍微偏离主题：权利和利益。对以上问题的常见回答是，人口少的州的人民需要得到保护，以免受国会多数通过的侵犯其基本权利与利益的联邦法律之害。因为像内华达州或阿拉斯加州那样的州当中的人民，是地理上的少数（geographical minority），你可能声称，他们需要得到保护，以免受全国多数人有害行为的侵犯。但是，这个回答立即引出一个基本问题：**有什么普遍适用的原则能证明赋予某些个人或群体特别代表权是正当的吗？**

为找到答案，需要从这样一个对任何政府单位都是永恒而基本的问题开始[11]：无论这个单位是一个国家、州，还是自治市，或别的什么形式，实际上，它的所有决定都会涉及相关政治单位内人民之间的利益冲突。几乎任何政府的决定都不可避免地符合某些公民的利益，同时伤害到其他公民的利益。解决所有政府单位固有的这一问题的办法，通常由民主体制提供，即确保以符合某种形式的多数原则的办法使决策获得较广泛的认同。然而，正如麦迪逊和其他许多人都观察到的，如果决策是通过多数原则做出的，就存在**任何**少数人的利益都可能受到多数人损害的可能。幸运的话，有时，在多数人和少数人之间会达成互利的妥协。但是，如果多数人利益与少数人利益间的冲突是不可调和的，那么，少数人的利益就可能受到损害。

但是，某些利益是可以得到保护，使其不受一般的多数原则操作影响的。所有的民主宪法都或多或少地这样做了。

考虑一下所有美国人不仅在原则上而且在实践中都实质性地享有的保护。第一，《权利法案》和随后的宪法修正案为一些基本权利提供了宪法保障，美国的公民无论是居住在内华达还是加利福尼亚，罗得岛还是马萨诸塞，特拉华还是宾夕法尼亚，都会受到这种保护。第二，建立在宪法条文基础上的、庞大的联邦法律及其司法解释体系，极大地扩展了被保护权利的领域——或许已经远远超过了制宪者能预见的范围。第三，联邦体制中的宪政分权为每个州提供了排他的或者是交叉的权力领域，一个州可以据此扩大对本州公民的特殊利益的进一步保护。

基本问题。在这些基本的、受到保护的权利和利益之外，小州的人民是否还拥有**额外**的权利或利益，以保护其不受全国多数人支持的政策的损害呢？如果有的话，是什么？依据什么样的一般原则能说他们需要得到的特殊保护是正当的？当然，这些权利或利益不包括根据一个多世纪前的条款在国家森林里放牧牛羊，或是从公共土地上采矿的基本权利。为什么地理位置赋予某个公民或群体如此特殊的权利或利益，使他们高于或超越刚才指出的那些权利和利益，获得额外的宪法保护呢？

如果说这些问题让我感到困惑不解的话，那么我能找到很多同道。"我们能够忘了自己为了谁而组成政府的吗？"詹姆斯·威尔逊在制宪会

第三章　模范宪法：美国人的错觉

议上问道。"是为了**人**，还是为了我们称之为**州**的假想的存在？"麦迪逊也和我一样对保护生活在小州的人的利益的需要表示怀疑。他指出："经验告诉我们，并不存在这种危险……经验反而提供了相反的教训……各州利益不同，不是因为它们在大小上的差异，而是因为其他因素。"[12]

自麦迪逊以来两个世纪的经验已经证实了他的判断。毫无疑问，参议院中不平等的代表权并没有成功地保护具有**最少**特权的少数人的利益。相反，不平等的代表权有时却为拥有**最多**特权的少数人的利益服务。一个明显的案例是它保护了奴隶拥有者的权利，而不是奴隶的权利。参议院中不平等的代表权绝对没有为奴隶的利益提供保护。相反，在内战前的所有日子里，不平等的代表权保护了奴隶拥有者的利益。正如巴里·文戈斯特（Barry Weingast）指出的，直到19世纪50年代，参议院中的平等代表权仍然让"南方在涉及奴隶制的任何政策上拥有否决权"。1800年到1860年间，八项反对奴隶制的法律在众议院通过，却都被参议院封杀。[13]内战结束，南方诸州的否决权也没有终结。内战后，来自别处的参议员被迫迎合南方诸州的否决权，以保证他们自己的政策得到通过。这样，南方诸州的否决权不但使重建终止，而且在此后的一个世纪，它还阻止这个国家通过联邦法律保护非洲裔美国人最基本的人权。

这就是参议院中不平等代表权的所谓优点。

假定我们先停下来，设想我们真的希望宪法对少数提供特别的保护，这些少数如果在参议院得不到额外的代表权，就会处于劣势，所以据此给他们额外的代表权。那么，哪些少数最需要这种特殊的保护？怎样才能做到这一点？我们现在会仅仅因为某些州的人口较少，就把它们作为需要得到特殊保护的少数对待吗？为什么要保护这些地区而不是别的人口更少的地区的少数呢？不妨将1787年詹姆斯·威尔逊提出的问题换个说法：是应该这样来设计一个民主政府，即让它为某些"称为州的想象的存在物"的利益服务，还是应该把它设计成为在政治上视为平等的所有公民的利益服务？

正如我已经指出的，在 22 个可资比较的民主国家中，美国因为上议院的不平等代表权程度而与众不同。在 6 个有联邦体制并用上议院代表联邦各单位的国家中，没有一个国家在上议院不平等代表的程度上可与美国相比。

于是，我们发现，我们的宪政体制不同寻常。而接下来的探讨还将发现，它不仅不同寻常，而且独一无二。

对国家立法的强势司法审查

毫不奇怪，较老的民主国家中的其他联邦体制也授权全国最高法院否决出自联邦单位（州、省等等）的违背国家宪法的立法或行政行为。在我看来，联邦法院有权审查州的行为以便维护联邦体制，这很明确，我接受这一原则。但是，对高等法院拥有宣布与自己并列的宪政机构（议会或我们体制中的国会和总统）正当颁布的法律违宪的权威却存在较大争议。

如果一项法律由民主政府中的立法机关以正当的方式通过，为什么法官有权宣布它违宪？要是能把该法律的意图和文字与宪法的文字进行简单的对比，也许能为司法审查（judicial review）提供更强有力的论证。但是，在所有重要的、争议很大的案例中，这简直不可能。解释宪法时，法官不可避免地带有自己的意识形态、个人见解和偏好。几代美国法学家都努力为最高法院掌握的广泛的司法审查权提供令人满意的解释。但是，在一个非选举的机构（在美国的例子中，是最高法院九个大法官中的五个）与制定影响到数百万美国人生活和福利政策的权力之间仍旧存在矛盾。在民主秩序中，司法审查制度怎样才是正当的（如果存在正当的司法审查的话）？在下一章，我将讨论这一问题。

同时，让我转向美国宪政体制另一个脱轨的方面。

第三章 模范宪法：美国人的错觉

选 举 制 度

我在前面解释了，之所以使用"宪政**体制**"这一术语，是因为一些不必在国家的宪法文件中详细规定的制度与其他制度强烈地相互作用，所以可以把它们视为国家宪政制度安排的一部分。据此，可反思一下我们选举制度的特性，这一体制在我们看来也许纯属自然，但在发达民主国家中，却罕见到属于濒临灭绝的物种。与此紧密相关的是同样罕见的、我们非常尊崇的两党制。

可以肯定，我们的选举制度不是制宪者所为，至少不是他们直接所为，其形成更多源自英国的传统，而不是制宪者的努力。制宪者仅仅把全部问题留给了各州和国会[14]，而各州和国会支持的是他们唯一熟悉的、在英国、殖民地和新独立的国家相当流行的选举制度。

选举制度的问题极为复杂，对许多人来说也极其乏味。因此，我要采用非常简单化但足以满足我们目的的方法。让我们简单地将选举制度分成两大类，每一类都有一个或两个变体。在我们最熟知的那种选举制度中，通常你把票投给竞争的候选人之一，得票最多的候选人当选。那么，在一般情况下，一个候选人只要比他的任何一名对手至少多一张选票，就能赢得选举。我们美国人倾向于称之为"一票边际相对多数"（one-vote margin a plurality）；为了与"绝对多数"（absolute majority）相区别，可以称之为"相对多数"（relative majority）。为了描述我们的制度，美国的政治科学家有时会使用一种有点麻烦的表达，即"单一选区相对多数制"（single member district system with plurality elections）。我更喜欢英国的说法：类似赛马，只需领先一个鼻子的长度就可以取胜，英国人倾向于称之为"领先者当选"（first-past-the-post）。

如果每个选区的选民都以同样的比例投票，得票最多的党就会赢得每一个席位。实践中，由于不同选区对候选人的支持率不同，第二党一般也会努力争取到一些席位，尽管获得席位的百分比通常比该党赢得的选票的百分比低一些。而第三党的席位通常减小到近于零。简言之，领先者当选制有利于两党制。

领先者当选制的主要替代制度是比例代表制（proportional representation）。顾名思义，比例代表制被设计来确保数量很少却又高于最低限度的少数选民（比如说，所有选民中的5%）能推出或多或少与其选民数成比例的代表。例如，一个占选民总数20%的团体在议会中赢得的席位也大致接近20%。因此，实行比例代表制的国家很有可能是多党制，其中三个、四个或更多的政党在立法机关拥有自己的代表。就是说，虽然选举制与政党制并不是一一对应的关系，但一般情况下，实行领先者当选制的国家很可能形成两党制，而实行比例代表制的国家常常会形成多党制。

最常见的比例代表制是这样的，每个政党都向选民提供一个候选人名单；选民投的是该党全体候选人的票；这样，每一政党都获得与其所得选票比例大致相当的席位数。实行这种根据政党候选人名单投票的制度的国家，可能也允许选民在同一政党的各候选人之间表达自己的优先排序。如此一来，该党的席位就会被选民最喜欢的候选人拥有。在22个发达民主国家中，有12个国家实行与比例代表制相应的候选人名单制，另有6个国家实行的是它的某种变体（见附录B表3）。

没实行比例代表制的4个国家中，法国通过两轮选举避免了单一选区制的缺点。在议会选区中，如果没有候选人得到绝对多数选票，就需要进行第二次选举，由两个得票最多的候选人竞争。因而，这种有复选（run-off）、两轮选举（two-round）或双投（double-ballot）等多种名称的体制，确保了所有议员都能因获得其选区中的多数选票而当选。

这样，就剩3个古怪的国家实行领先者当选制，即单一选区相对多数制度：加拿大、英国和美国。即使是在美国人所建立的选举制度的最初来源地英国，传统的制度也在1999年选举苏格兰和威尔士新建立的立法机关时被比例代表制所取代。四个政党在苏格兰议会赢得席位，在威尔士议会赢得议席的政党也是四个。而且，工党于1997年建立的选举制度中的独立委员会，在一年后的报告中提议施行一种取代领先者当

第三章 模范宪法：美国人的错觉

选制的制度，即下院的成员通过比例代表制方式选举产生。这显然是个混血儿，但可以肯定，这一方案无疑会使这个古老的议院中选票与席位之间更成比例。[15]完全有可能，在不远的未来，英国也加入到比例代表制国家的名单中，在发达民主国家中只留下加拿大和美国仍旧实行领先者当选制。

尽管极少美国人对实行比例代表制和多党制的其他发达民主国家有较多了解，他们却好像对两者偏见很大，很反对。不愿意考虑领先者当选制的替代方案，又面临确保少数人在州立法机关和国会中获得更公正代表权的压力，我们的立法机关和联邦法院在近年来用不公正的选区划分（gerrymandered）的方法划出奇形怪状的选区……是的，有点像蝾螈（salamander）。但是，立法机关和法院似乎都不愿意认真考虑将某种形式的比例代表制当作很有可能的、较好的替代方案。

我们视领先者当选制为理所当然，这种信念之深在1993年清晰地表现出来，当时，一位很有资格担任司法部民权处主任的候选人在法律杂志上发表文章建议，值得考虑一种明显的比例代表制，用这种可能的方案解决问题，确保少数人得到更适当的代表。[16]作者本无辜，却被视作异端，引来的评论使你听了之后，会觉得好像是因为她在最高法院的台阶上焚烧了美国国旗。她的候选人资格自然杳无踪迹了。

领先者当选制是1787年和此后的几代人在市镇会议上实行的唯一的选举规则。当时，比例代表制像火车一样还没被发明出来。人们一直没充分地考虑比例代表制，直到19世纪中期，一个丹麦人和两个英国人（其中一个是约翰·斯图尔特·密尔（John Stuart Mill））对比例代表制给出了系统表述。从那以后，它成为较老的民主国家极度偏好的制度。

经历了一个多世纪，积累了其他选举制度的经验，现在难道还不该最终敞开心扉，考虑这样一种可能：领先者当选也许适合赛马，但用于我们这个地域广、差异大的民主国家的选举，或许并非最佳选择。难道不想也考虑考虑多党制可能的好处吗？

我并不是说必须做出这些选择。但是，不应该至少是认真地予以考虑吗？还有，难道不应该问自己这样一个问题：什么样的选举和政党体制可以最好地实现民主的目标？

政党制度

差不多半个世纪前，法国政治科学家莫里斯·迪韦尔热（Maurice Duverger）提出了后来所谓的"迪韦尔热法则"（Duverger's Law）：领先者当选制往往导致两党制。相反，比例代表制容易产生多党制。[17] 虽然选举制度与政党制度之间的因果关系可能比我这里对"迪韦尔热法则"的简单描述复杂得多[18]，但是，实行比例代表制的国家通常可能要求由两个或更多政党组成的联合政府。而在实行领先者当选制的国家，单一政党更容易同时控制行政和立法机构。因此，在实行比例代表制、存在多党制和联合政府的国家，少数人往往在统治中得到更有效的代表。相反，在实行领先者当选制和两党制的国家，政府更有可能被单一政党控制，它或者通过绝对多数（outright majority），或者通过更为常见的相对多数获得议会的多数席位和选民的多数选票。为了区别这两个选项，我将用"比例制"来指称那些采用比例代表制和多党制的国家，以"多数制"来指称采用领先者当选制和两党制的国家。[19]

美国属于哪一种？一般来讲，它既不在第一类，也不在第二类。它是个混合体制，既不是比例制占主导地位，也不是多数制占主导地位（见附录A表4）。我将在第五章把话题重新转向美国的这种混合体制，但是，三个主要观点也许有助于我们在此考察问题。第一，制宪者无法得知领先者当选制的主要替代制度，更谈不上充分地理解它们了。第二，自制宪者时代后，大多数老牌的、高度稳定的民主国家都拒绝了领先者当选制，而倾向于实行比例制。第三，我们的混合式设计甚至进一步强化了宪政体制非同寻常的结构。

第三章　模范宪法：美国人的错觉

独一无二的总统制

进一步研究与美国有某些共同宪政特征的国家时，本来就简短的名单甚至变得更短了。当谈到总统时，美国不仅是与众不同，而且是独一无二。

在22个发达民主国家中，美国几乎是独一无二地拥有这样一个特别的民选最高行政长官，并赋予其重要的宪法权力的国家，即实行总统制（presidential system）。除了哥斯达黎加，其他所有发达的民主国家均以某种形式的议会制（parliamentary system）进行统治。在这种制度下，作为行政长官的首相由全国立法机关选举产生。在法国和芬兰实行的混合体制中，大部分重要的宪法权力都授予总理，但民选的总统也被授予一定的权力——主要在对外关系上。这种安排可能会出现（比如在法国）这样一种情况，即总统来自一个大党而总理来自其反对党，这种情况可以用法语"共治"（cohabitation）① 这种美妙的高卢式联系表示。然而，即使考虑到法国和芬兰式的变体，其他发达民主国家也都没有类似我们的总统制。

为什么会这样？这个问题可以拆分为几部分。制宪者为什么**选择**了总统制？他们为何**没选**议会制？为什么所有其他发达民主国家都拒绝了我们的总统制？它们为什么采用了议会制的某些变体形式，或者像在法国和芬兰那样，议会制为主、辅以总统制？

详细回答这些问题会超出篇幅的限制。让我先简要回答一下吧。

在解答前，劝你们不要引用《联邦党人文集》的解释。这些解释远不是对宪法批评性的、客观的分析。如果接受字典对"宣传"的定义，即"刻意地传播推动或损害某项事业、国家等的信息或观念"，那么，《联邦党人文集》无疑就是宣传。文集中的文章是亚历山大·汉密尔顿、

---

① 法语原意是同居。——译者注

约翰·杰伊（John Jay）和詹姆斯·麦迪逊一派人在宪法文本提出后写的，目的是劝说那些仍然怀疑所提出宪法的价值的人，以使宪法在即将举行的各州大会上通过。这些文章确实写得非常精彩，大部分内容直到今天仍然值得一读，然而，它们把制宪会议的工作粉饰得比实际上更连贯、合理、令人信服。顺便说一句，讽刺的是，解释和辩护总统制设计的任务被交给了汉密尔顿。在制宪会议上，他曾很不明智地评价说，关于行政，"英国的模式是这方面唯一的好模式"，因为"国王的世袭利益是如此地与国家的利益息息相关……同时，既足以独立，又易于控制（controuled）〔原文如此〕，便于实现目的"。接下来，他提出，行政机关和立法机关的一个部分应该"终身任职，或至少在行为良好时持续任职"[20]。或许正是因为这些言论，制宪会议上，汉密尔顿在该议题和其他议题上影响甚微。

总统制是如何产生的。制宪会议最完整的记录展示了[21]这样一群人，他们试图回答一个极其困难的问题：应当如何选定共和国的最高行政长官，应该把哪些宪法权力授予行政机关？这一问题相当难回答，因为正如我在上一章强调的，制宪者没有有关共和政府的模式做引导。最重要的是，缺乏有关行政机关的任何适合的模式。当然，他们可以引用神圣的"权力分立"学说。毫不奇怪，在麦迪逊的笔记中，凡涉及这一学说的文字都是持肯定态度的。而且，在一定程度上，含义是明显的：共和国需要一个独立的司法机关，一个包括民众议院和某种牵制民众议院的第二院的两院制立法机关，以及一个独立的行政机关。

但是，如何选择一个独立的行政机关？他又如何独立于立法机关和人民？他的任职期限多长？（这里所说的"他"自然是美国宪法第二条使用的语言，就像大多数美国人直至最近还使用的那样，这是制宪者考虑政府机关时采用的唯一表达方式。）对制宪者来讲，英国宪法在某些方面是有帮助的，是典范。但是，它对找出行政机关的解决方案来说，完全没用。尽管代表们在许多方面对英国宪法表示了足够的尊重，但君主政体根本不在考虑范围。[22]

即便如此，他们本可以选择议会制度的一种民主版本，正如那些演

第三章 模范宪法：美国人的错觉

进着的欧洲民主国家要做的那样。虽然他们没有意识到，但即使在英国，议会体制也在演进。制宪者为什么不提出议会体制的一种共和版本呢？

其实，他们差一点就这样做了。人们很少强调，制宪者实际上非常接近于采纳类似议会制的制度，而且，至今还不清楚，为什么制宪者拒绝了议会制，最终采纳了总统制，至少我不清楚。[23]一个显而易见的解决办法（对今天的我们来说，比1787年还明显），是让国家立法机关选择行政机关。实际上，在制宪会议的绝大部分时间里，这一方案为代表们所青睐。早在6月2日，制宪会议开始刚两周，弗吉尼亚代表团（其中有一些最有思想、最有影响的代表）就提出，国家行政机关应该由国家立法机关选择。麦迪逊的笔记给这一提案以及取代它的那些方案后来的经历，留下了让人着迷又有点神秘的痕迹。

制宪者留下的曲折踪迹看起来是这样的，我尽力重新组织并表述如下[24]：在三个场合——7月17日、7月24日和7月26日，代表们就"国家立法机关"选举总统进行投票，第一次全体通过，最后一次以6:3通过。每种替代方案都被实质多数否决，除了一次例外：7月19日，在让人困惑的转向中，马萨诸塞州的代表发生分裂，结果，他们以6:3通过了由州立法机关任命选举人的办法。7月26日，他们偏好的由国家立法机关选举总统的方案提交到细节委员会（Committee on Detail）。8月6日，该委员会及时报告，支持国家立法机关选举总统。8月24日，两个替代方案再次失败。9月4日，负责这一议题的新委员会重新提出报告。此时，代表们急切希望结束会议，因为已经连着开三个月了。然而，与此前的委员会的建议相反，这一委员会建议行政机关由州立法机关任命的选举人选出。两天后，不耐烦的代表们以9个州赞成、只有2个州反对的投票结果采纳了这一方案。

但也不完全是这样。他们采纳的提案是这样说的："各州应依该州**议会**规定选举人若干，其人数相当于该州当选之参议员和众议员人数之和。"无论制宪者此番话的意图为何，他们都为在美国革命的民主阶段使总统制民主化预留了巨大的机会。

批准该条款十天后，代表们签署了宪法，制宪会议休会。

这份奇怪的记录给我的感觉是：一群困惑的人出于绝望而不是自信最终确定了这个方案。正像随即发生的事件所显示的，他们并不知道这一方案在实践中会产生什么效果。

因此，问题仍在，没有明确答案。为什么他们最终没采取先前似乎赞成的方案，即由国会选举总统，创造议会体制的某种美国版本？标准的回答无疑有一定效度：他们害怕总统太受国会牵制。而对他们来说，别的替代方案看起来更糟。

替代方案之一是由民众选举，这一方案两度以压倒性多数被否决。而正是这个两次被否决的由民众选举总统的方案，在美国革命的民主阶段很快在事实上为民众所接受。

制宪者的解决方案是怎么失败的。 或许，就设计一部为民主的民众所接受的宪法来讲，制宪者的成果没有哪部分比这一点失败得更彻底了。正如我提到的，1800年选举后，他们的美好希望彻底落空，制宪者希望有这样一群选举人，他们会运用自己的独立判断让最佳候选人担当行政首脑。然而，正如我将在下一章中描述的，更多的事将要发生。如果说1800年选举第一次揭示选举人团制度在民主秩序中多么不合适，那么，两个世纪后，2000年的总统选举则将这一弊病在全世界人民面前戏剧性地表现出来，人们目睹了在制宪者的宪法与政治平等的民主观念之间存在的冲突。

具有讽刺意味的是，即使制宪者采用了像议会制那样将选择最高行政长官的权力交给立法机关的弗吉尼亚方案，他们也会把民众与总统之间的距离适当拉开，使其比后来实践中形成的距离更大。也就是说，在1787年，他们不可能预见到一种像在英国后来充分演变的宪政设计，或是再晚一些走上民主之路的其他国家的设计。

持续的民主革命将给总统制带来更深刻的变化。无论杰斐逊在民主革命浪潮中如何娴熟地控制着国会，他从没公开挑战这样的标准观点：民众意志的唯一合法代表是国会，不是总统。他的继任者麦迪逊、门罗（Monroe）和约翰·昆西·亚当斯（John Quincy Adams）也坚持这种观点。

安德鲁·杰克逊针对的正是这一观点。为了证明自己使用否决权反对国会多数的正当性，杰克逊坚持，他是唯一一位由**全体**人民选出来的国家官员，而不像参议员和众议员，是由一小部分人选举出来的，所以只有他能宣称代表**全体**人民。这样，杰克逊就开始了我所说的"总统授权神话"(the myth of the presidential mandate)：由于赢得了选民（可能也是选举人）的多数票，总统赢得了一项"授权"，他可实施自己在大选中做出的任何承诺。[25] 虽然杰克逊因这个大胆的声明饱受攻击，并且这个声明也不是以后每位总统都支持的，但林肯（Lincoln）、克利夫兰（Cleveland）、西奥多·罗斯福（Theodore Roosevelt）和威尔逊（Wilson）等总统都再次声明了，并最终由富兰克林·罗斯福（Franklin Roosevelt）牢牢地确立了这个主张。

无论我们如何思考这一主张的有效性（我倾向于认为，它只是雄心勃勃的总统们为了实现政治目的而创造的神话），它不过是为了适应民主思想和信仰，对总统制做的部分改造，而这种改造已经产生了一个完全不同于制宪者曾经试图创造的政府模式，无论他们的意图如何模糊、游移。

你可能会说，这也是件好事。但是，如果你赞成总统职位的民主化（或者像我喜欢说的，它的伪民主化），你难道不是实际上主张**应该改变宪政体制以适应民主的要求**吗？

为什么别的国家建立了议会民主政体。 制宪者没有选择议会体制还有另外一个原因。不存在激励他们的议会民主的模式。这样的模式在当时还没发明呢。

当时，制宪者所熟悉、在某些方面还羡慕有加的英国宪政体制被当作要放弃或失败的宪政体制，正要被束之高阁。制宪会议召开时，英国的宪政体制正迅速变革。在 1787 年，没人清楚地看到这一点。最重要的是，国王正急剧丧失把自己的首相强加于议会的权力。相反的措施正在取得优势：首相必须获得议会上下两院的信任票，一旦失去这一信任，就必须辞职。英国宪法的这一深刻变化直到 1832 年才完全显现，但是这对制宪者来说为时太晚,他们看不到这些可能性了。

此外,还有君主的问题。一个没有象征性国家元首的国家,怎么能有议会体制呢?得有国家元首履行礼仪职能,象征国家的统一,通过给首相"涂圣油"(anointing)授予议会的选择合法性。继英国议会体制的演变后,君主体制也适时地帮助瑞典、丹麦、挪威(还有很久以后的日本和西班牙)走向议会体制。君主赋予议会合法性。但在 1787 年,在君主制国家中,议会民主的充分发展还有很长的路要走。对美国人来说,君主,即使是形式上的君主,都是完全不可能的。那么,为什么制宪者不把礼仪与行政的职能分开,创造一个有名无实的国家元首履行礼仪性君主的职能,把行政职能分配给相当于首相的最高行政长官呢?虽然这样的安排在我们今天看来也许显而易见,但对 1787 年的制宪者来说,这甚至比他们最熟悉的英国正逐渐演变中的体制还遥远。直到 1875 年法兰西第三共和国建立,法国才演变出了一套后来被许多别的民主国家采纳的解决方案:由议会或在某些情况下由人民选出的总统作为形式上的国家元首;由议会选举产生并向议会负责的总理作为实际的最高行政长官。但是,这个我们现在觉得再明白不过的设计,对制宪者来说,几乎就像横贯大陆的铁路一样遥不可及、难以想象。

因此,制宪者出自无意,却创造了这样一个宪政框架,该框架在连续不断的美国革命的强烈冲击下,发展成为一种与制宪者原本设想相当不同的总统制。一段时间后,美国的总统们通过普选(这正是制宪者拒绝并担忧的方案)赢得职位,而且,通过把国家元首与最高行政长官的职能合二为一,总统实际上相当于把君主和首相的职权集于一身。

我忍不住沉思,现在总统制适不适合我们这样的现代民主国家?

※　※　※

由此可见,在老牌民主国家中,我们的宪政体制不仅不寻常,而且独一无二。

你可能会说,独一无二未必就是坏的。或许我们的宪政体制正因为独一无二才更好。

从什么标准来看是更好的?它更民主吗?它在许多方面都表现得更

第三章 模范宪法：美国人的错觉

好？还是更坏？

回答这些问题绝非易事——或许根本不可能有一个终极的答案。但是，在考虑这些问题之前，需要再考察一下制宪者创造的不当残留物——选举人团制度。

【注释】

[1] 1997年的一次调查显示，对"美国宪法被许多国家奉为典范"这一说法，34%的公民非常同意，33%的公民比较同意，只有18%的公民比较反对或强烈反对。[参见国家宪法中心（National Constitution Center）于1997年9月进行的对全美1 000个成年人的电话调查。]对于"我为美国宪法感到自豪"，71%的人非常赞成，18%的人比较赞成。1999年，85%的公民认为宪法是美国在20世纪取得胜利的主要原因。[参见普林斯顿调查研究协会（Princeton Survey Research Associates）为皮尤调查中心（Pew Research Center）所做的一项对1 546个成年人的调查。]

[2] 尽管印度于1947年赢得独立，采用民主的宪法，而且，面对贫穷和多样性的特殊挑战，除了一次中断外，基本上保持了民主制度，我还是没有把它包括在内，主要有两方面理由：第一，1975年至1977年间，印度民主的连续性被中断，当时的总理英迪拉·甘地（Indira Gandhi）发动了一次政变，宣布国家进入紧急状态，取消公民权，并将成千上万的反对派关进监狱。第二，印度是世界上最贫穷的国家之一，将它与那些富裕的民主国家相比没多大意义。

[3] 有关22个老牌民主国家间宪政差别的总结，参见附录B表2。

[4] 加上六个半区（half-canton）。

[5] Robert Hazell and David Sinclair, "The British Constitution: Labour's Constitutional Revolution," *Annual Review of Political Science*, 3 (Palo Alto: Annual Reviews, 2000), 379-400, 393.

[6] 例如，普鲁士1858年选举中，4.8%的居民拥有三分之一议席，另外三分之一的议席给了13.4%的居民，81.8%的居民占有余下三分之一的议席。因此，在投票上，最富有的三分之一是最底层三分之一的17倍。Bernard Vogel and Rainer-Olaf Schultze, "Deutschland," in *Die Wahl Der Parlamente*, Dolf Sternberger and Bernard Vogel, eds. (Berlin: Walter De Gruyter, 1969), 189-411, Tabelle A4, p. 348.

[7] 别以为我对内华达州、洛基山脉各州或总体上对小州有偏见。我对阿拉斯

加感情特别深,在它还只是准州的时候,我就在那里长大。对洛基山脉各州的感情也是如此,我喜欢每年夏天在那里待上一段时间。身在仅300万多一点人口的康涅狄格州,它给了我9倍于我在加利福尼亚州的儿子们的选举优势,这是完全不应得的。

[8] Alfred Stepan, "Toward a New Comparative Analysis of Democracy and Federalism: Demos Constraining and Demos Enabling Federations," paper for the meeting of the International Political Science Association, Seoul, Aug. 17 – 22, 1997.

[9] 对参议院中不平等的代表权全面的描述、分析和批评,参见 Francis E. Lee and Bruce I. Oppenheimer, *Sizing Up the Senate: The Unequal Consequences of Unequal Representation* (Chicago: University Chicago Press, 1999)。

[10] Stepan, supra n. 8.

[11] 更确切地说,作为政府单位的"州"可以定义为拥有这样政府的地方系统,该政府能成功地宣称,它能排他性地规定在一个既定区域内合法使用强制力。

[12] 关于梅森(Mason),参见 *Records*, 1: 483;关于麦迪逊,参见447-448。

[13] Barry R. Weingast, "Political Stability and Civil War: Institutions, Commitment, and American Democracy," in Robert H. Bates, Avner Greif, Margaret Levi, Jean-Laurent Rosenthal, and Barry R. Weingast, *Analytic Narratives* (Princeton: Princeton University Press, 1988), 148-193, 166, and Table 4.3, 168.

[14] 美国宪法第二条第四款规定:"选举众议员和参议员的时间、地点和方式应该由各州通过其立法机关予以规定,但是,除了选举参议员的地点外,国会可以在任何时候通过法律制定或改变以上规定。"宪法第二条第一款规定:"各州应该按各州议会之规定指定选举人若干人。"

[15] Robert Hazell and David Sinclair, "The British Constitution: Labour's Constitutional Revolution," in Nelson W. Polsby, ed., *Annual Review of Political Science*, vol. 3 (Palo Alto: Annual Reviews, 2000), 379-400, 382-385, 391.

[16] Lani Guanier, "No Two Seats: The Elusive Quest for Political Equality," *Virginia Law Review* 77 (1991).

[17] Maurice Duverger, *Political Parties: Their Organization and Activity in the Modern State* (New York: John Wiley, 1954), 217.

[18] 约翰·格鲁姆(John Grumm)1958年评价迪韦尔热的主张时指出,"也

第三章 模范宪法：美国人的错觉

许可以更准确地说，在一个特定的国家中，比例代表制是政党体制的结果，而不是其原因"。"Theories of Electoral Systems," *Midwest Journal of Political Science* 2 (1958)：357—376，375。

[19] 利普哈特（Arend Lijphart）在 *Patterns of Democracy, Government Forms and Performance in Thirty-Six Countries*（New Haven：Yale University Press，1999）一书中用十个变量区别多数主义与共识制民主（表14—1，p. 245）。在 *Elections as Instruments of Democracy, Majoritarian and Proportion Visions*（New Haven：Yale University Press，2000）一书中，宾汉姆·鲍威尔（Bingham Powell）用"多数主义"和"比例原则"两个术语作为标题。参见该书第20页及其后，以及第41页对20个民主国家的分类。

[20] *Records*，1：288，299。

[21] 麦迪逊的笔记在他逝世后于1840年出版。参见第二章注释[4]。

[22] 根据麦迪逊的笔记，发言支持英国式的君主体制的唯一代表是汉密尔顿，见第二章注释[3]。具有讽刺意味的是，《联邦党人文集》中为行政机关相关的宪法条款辩护的文章（第67～77篇）正出自汉密尔顿之手。

[23] 接下来的内容是从我的 *Pluralist Democracy in the United States*（Chicago：Rand McNally，1967）一书第85页及其后摘录的。

[24] 埃利斯（Richard J. Ellis）为相关争论提供了方便的原始材料，参见Richard J. Ellis，ed.，*Founding the American Presidency*（Lanham, Md.：Rowman and Littlefield，1999），Ch. 3，63-96。

[25] 相关的评论观点参见我的"The Myth of the Presidential Mandate," *Political Science Quarterly* 105，no. 3（Fall 1990）：355-372。

第四章　选举总统

2000年11月7日夜,一场好戏在美国上演,它吸引了上百万人注意,六周后才落幕。人们再度聚焦于制宪者当年为寻找选举新共和国最高行政长官的合适途径时设计的一个异乎寻常的制度,即选举人团制度(electoral college)。通过它,一个比自己的对手获得较少选票的候选人能当选总统,这不是第一次,可能也不是最后一次。[1]

正如在前一章看到的,制宪者们受困于如何在一个共和国里设置行政机关的问题。应当如何选择共和国的行政机关?在关于选举人团制度的最后辩论中,詹姆斯·威尔逊评论道:"这一问题在制宪会议上造成了极大的意见分歧,亦将使制宪会议以外的人们莫衷一是。实际上,在我们必须决定的所有问题中,这是最困难的。"[2]制宪会议休会三个月后,他记忆犹新地告诉曾参加批准新宪法的大会的宾夕法尼亚同事:"先生们,制宪会议对这一计划很茫然,制宪者们不知道如何选择合众国的总统。"[3]

每种解决方案看起来都不如其他的方案。制宪者在最后一分钟集就的制度获得接受,这与其说是出于对它成功的信心,还不如说是出于绝望。那么,为什么代表们最终批准了选举人团制度?对这一问题的最好回答可能是：制宪者选择了选举人团制度，可能正是因为他们别无选择。

选举人团制度是如何产生的

我们已经讨论了1787年夏天那三个月的时间里，代表们怎样考虑并拒绝了最显而易见的几种可能。尽管可资利用的信息有限，仍有可能再补充几个事实。

8月6日，细节委员会提供了一个宪法草案，其中提出由国会选举总统。这一提案不知是谁提出的。到8月24日，尽管存在必须完成工作并休会的巨大压力，代表们还是否决了每个看来合理的方案。即使是总统"应该由选举人选出"的提案也没赢得多数赞成。由于无法达成一致，8月的最后一天代表们只好把选举总统的问题移交给另一个委员会，从11个州的每个州中各抽出部分代表组成这一委员会，4天后，委员会提出了一个此前已被代表们否决的方案："各州应依该州议会规定选举人若干，其人数相当于该州当选之参议员和众议员人数之和。"[4]

无疑，代表们已经厌倦了自己的任务，急于结束制宪，但还是发现了一个瑕疵。委员会提议，一旦选举人团相持不下，总统就由参议院从5个得票最高的候选人中选出。反对！许多代表相信，总统职位的竞争可能常常会有2个以上的主要候选人——3个、4个、5个，或是更多。如果他们的推测是正确的，那么，总统选举会经常地、也许是定期地落入参议院之手，而他们设想的参议院却是个高度集权和相当贵族化的机构。因此，威尔逊强烈反对将这一权力授予参议院。他认为，如果将这一额外的权力与"计划的其他部分"联系起来，人们就"不得不从整体上考虑宪法，这一宪法表现出一种贵族政治的危险倾向；因为它将危险的权力交到参议院手中"。[5] 其他代表也同意这一说法，而且通过"一边倒"的选举，代表们把决定总统的权力重新交到更大众化的机构手中。

于是，选举人团制度诞生了。

为什么采用选举人团制度？

现在，回到这个问题上。为什么制宪者会选择这样一个解决方案？一般的回答是：他们想将选择总统的权力从大众的手里移走，放到一个精心挑选出的由明智、杰出和善良的公民组成的机构手上——他们自以为就是这样的公民，也许还有点愤世嫉俗。这一标准观点的主要来源似乎是汉密尔顿写的《联邦党人文集》第68篇："直接选举应该由这样一些人来完成，他们最善于辨别适宜于这一职位所需要的素质，可以在有助于深思熟虑的条件下行事，并能够适当地把一切理由和主张都综合在一起，以便做出选择。"[6] 当然，对选举人团制度迅速发展影响更为深远的莫过于客观的现实。甚至汉密尔顿似乎也在一个方面误解了选举人团制度。他认为，"各州的人民应该选择……选举人"[7]。但是，正像我们刚刚看到的那样，宪法实际上提供的方案是，决定如何产生选举人的权力被赋予了各州的立法机关。也就是说在开始时，大多数州并没有将这一责任赋予其人民。

作为该委员会的成员（可能是最有影响的成员），古文纳·莫里斯对委员会的提案做出了可资引用的最全面的解释，他归纳了对其他各种备选方案的反对意见，这些意见现在已经广为人知了：

国会："如果任命（appointmt）[原文如此] 是由立法机关做出的，就可能存在阴谋和派系的危险。""看来没有人会对由立法机关任命表示满意。""完全有必要使行政机关独立于立法机关。"

人民："许多人对由人民直接做出选择很焦虑 [也就是害怕]。"[8]

阴谋集团和腐败："由于选举人在整个合众国的范围内同时进行选举，彼此之间相隔遥远，阴谋集团的大恶就可避免。腐败也不可能发生。"[9]

汉密尔顿事后合理化了的理论在此并不存在,尽管有些类似的东西也许已存在于某些代表的头脑中。

失　败

宪法设计中,没有哪一部分的瑕疵暴露得比选举人团制度更快。不出 12 年,1800 年选举就已经显露了它的两个弊病。当时比较严重却容易修正的一个瑕疵是,制宪者们没能明确地区分总统和副总统的选举。[10] 在 1800 年 5 月的政党高层领导人国会党团会议上(congressional caucus),共和党人一致同意提名杰斐逊为总统候选人,伯尔为副总统候选人。但是,在后来的选举人团选举中,选票分属于五个候选人:杰斐逊和伯尔不分胜负,各得 73 张选票;两个联邦党人候选人中,在职总统约翰·亚当斯得 65 票,查尔斯·科茨沃思·平克尼(Charles Cotesworth Pinckney)得 64 票;纽约州州长约翰·杰伊得 1 票。按照宪法的规定,人们求助国会打破僵局。经过 36 轮的选举,花了一周时间,杰斐逊获得 16 州中 10 个州的赞成票而最终胜出。

制宪者没有预见到的情况(两个得票最高的候选人票数相等)如今显现出来。[11] 解决方案也同样明显。1804 年选举时,要求总统和副总统分开选举的第 12 条修正案迅速通过。[12]

虽然制宪者在选举人团制度设计上的疏漏很容易纠正,但是,1800 年选举中明显暴露出来的其他缺陷,却仍然悬而未决。到今天仍然如此。无论制宪会议的代表们多么希望选举人团作为独立机关能够免于大众选举的弊端,但总统选举最终还是打碎了这一希望。政党政治(也就是派别政治,如果你愿意那样说的话),早已将选举人变成了政党的代理人,除了离经叛道的个别成员外,这种角色将继续扮演下去。制宪者们也许设想的是,作为选举人的特权应当赋予那些愿意表达自己独立判断的杰出公民,但实际情况往往是,这种特权成了政党忠诚分子并且往往是平庸者的掌中物。因此，政党和对党派忠诚的发展，将选举人团制度的精巧设计变得比计算选票好不了多少。

更有甚者，在我稍后要谈的变化中，随着美国革命民主化进程的到来，总统选举的控制权被迅速地转到民众（也就是男性白人选民）的手里，而这正是制宪者明确反对的。

这样，贵族式选举人团的主张寿终正寝了。

内在的民主缺陷

然而，即使选举人由大众选举产生，选举人团制度还是不可避免地存在三个不民主的特征。

是大众选举还是选举人的选举。第一，赢得最多（相对多数，甚至是绝对多数）选民赞成票的候选人，有可能无法赢得选举人的多数票，在总统选举中败北。曾经有四次总统选举（包括2000年的那次）出现过这样的结果。在最著名的即1876年的选举中，获得了大众选举绝对**多数票**的候选人没能赢得总统职位。危机是这样开始的，塞缪尔·琼斯·狄尔登（Samuel Jones Tilden），这位民主党的候选人赢得了51%的大众选举票，在与对手共和党人卢瑟福·B·海斯（Rutherford B. Hayes）的竞争中，却没在选举人团中赢得明确的、无争议的多数。后来证明，这是场复杂的政治阴谋。[13]国会中的南方民主党人敲诈海斯，逼其承诺从南方撤出联邦军队，他们则以承诺尊重黑人权利作为回报（不用说，他们从来就没有这样做）。于是，海斯赢得了185张选举人票，而狄尔登则以184张选举人票落败。让我们引用一种说法来作为总结："国人默许了这一结果，从而避免了一场可能导致内战的危机。"[14]

另外三场竞选中，获胜的候选人赢得的大众选票比他的竞争者少，**没有一个候选人**赢得大众选举中的多数票。其中包括2000年的选举，投向第三党候选人的选票使两个主要政党的候选人都没赢得大众多数票。[15]

第四章 选举总统

以大众选举的少数票获胜。实际上，仅以大众选举的少数票就能赢得总统职位的情况司空见惯。总共有 18 次这样的选举，候选人没有赢得大众选举的多数就取得了总统职位（见附录 B 图 1）。于是，从总体看，在总统选举中，每三次就有一次把这片土地的最高行政长官的职位授予了仅赢得少数票的候选人。在一场势均力敌的竞选中，如 2000 年总统选举，如果第三党候选人获得部分选票，出现这种情况的可能性就很高。

大多数人偏爱的候选人失利。在某些例子中，没有候选人能得到大众选举的多数票，如果投票人的第二选择被考虑进来（正像某些选举体制能做到的那样），或者在两个得票最高的候选人中进行第二轮选举的话，结果就可能大相径庭。如果投票人有机会在势均力敌的 2000 年选举中进行第二次选择，第三大政党候选人拉尔夫·纳德（Ralph Nader）的大多数选票就有可能流向副总统戈尔（Gore），戈尔就可能当选。

投票人的不平等代表权。对于选举人团制度的缺陷，还能再加上一条。因为每州都有资格选派"选举人若干，其人数相当于该州当选之参议员和众议员人数之和"，参议院中不平等的代表权在这里再次发挥作用。虽然由于在总数上加入了众议员，在某种程度上冲淡了其效果，但是，选举人团制度造成的选票分量的不平等仍然很强。例如，在选举人团制度中，怀俄明州居民的选票的价值差不多是加利福尼亚州居民的 4 倍。在 10 个最小的州，每个选举人所代表的居民数量从 16.5 万到 30 万多一点不等；在 10 个最大的州，这一比例由佐治亚州的 58.6 万到加利福尼亚州的 62.8 万不等。如果州的选举人严格地按照人口[16]比例产生，那么，10 个最小的州实际选出的选举人数要比它们应该选出的人数多 2～3 倍（见附录 B 图 2）。

可弥补的缺陷："赢者通吃"

选举人团制度的民主缺陷由于故意加上的另一个制度变得更复杂。

— 55

最初的选举中，各州为了产生选举人曾实验过各种方法。一个极端的例子是马萨诸塞州，"在头十次总统选举中它不下七次改变选举人的产生办法，并且常常是为迎合党派的短期利益"[17]。其中两个主要的选择，即立法机关选举或是人民选举；大众选举也有两种方式，即以选区为单位（一个选区一个选举人），或是全州范围赢者拿走该州的所有选举人票。由于授予立法机关选择代表的权力与当时的民主化潮流背道而驰，所以大众选举很快成了主流。到1832年，只有南卡罗来纳州继续以立法机关选举选举人团，这一做法最终于内战期间被废除。[18]但是，在大众选举的两种体制中，"赢者通吃"的规则很快成为主流。因为政治领袖们认为，一个州的所有选举人都支持同一个候选人，能加强他们在选举人团制度中的重要性，从而强化其在选举中的影响力。

如果说"赢者通吃"为某些州提供了在总统选举中的战略优势，它也至少存在着三个缺点。第一，它减弱了总统候选人在选票明显会被两个主要政党候选人中的某一个拿走的"安全"州竞争的动机。结果，候选人偏重于在可以合理地预期两种选举结果都可能存在的"摇摆"州激烈竞争。第二，它严重打击了潜在的第三党候选人的斗志，既然他们实际上根本不可能期待在选举人团制度中取胜，何必还要付出高昂的代价竞选总统呢？最后，由于以上两个原因，这一体制也许会减弱许多"安全"州的选举人投票的积极性：如果你知道了所在州的绝大多数选民实际上已经决定了总统人选，干吗还去投票呢？

选举人团制度存在的问题是宪法规定造成的，"赢者通吃"的规则则不同，正如它的发展历史所表明的，州的立法机关可以改变它。

我们应当改变还是取消它？

既然已经看到选举人团制度的种种不足，那么，应该采取什么措施呢？在转向这一问题前，先考虑一下反对改变这一制度的一般理由。正如我们看到的，宪法对选举人的分配明显有利于人口较少的州的投票

第四章 选举总统

者,并相应地削弱了大州投票者的影响力。就像参议院本身更极端的例子,这种在代表上明显的不平等常常得到某些人的辩护,理由是小州**需要**也**有权**获得免受大州侵害的保护。

权利。为什么小州的投票者的利益就应该得到特殊的保护?我在前几章中举出的反对参议院不平等代表权的理由也与选举人团密切相关,因此,在此复述一下:

詹姆斯·威尔逊在制宪会议上指出:"我们能忘了究竟是为了谁我们才组织政府的吗?是为了**男人**〔今天我们想说的是'人们'〕,还是为那些称为**州**的想象的存在物?"

詹姆斯·麦迪逊说:"经验告诉我们……州之区分为不同的利益,不是因为它们大小有别,而是因为其他因素。"

除了《权利法案》提供的保护、我们的联邦制度实行的宪法规定的权力分立、立法机关和司法机关为基本权利提供的广泛保护之外,人口较少的州的人民是否拥有**额外**的权利和利益,使他们有权靠不平等的代表权获得特殊保护?如果是这样,这些额外的权利和利益又是什么呢?

是否存在普遍适用的原则,证明某些个人或团体有权拥有额外的代表权?如果有,是什么?

若要阐明**一个普遍适用的原则**并公正地运用它,那么,最有资格得到保护的难道不该是那些**权利最少**的少数人——而不是那些碰巧居住在小州的居民吗?

就这些问题和反对意见,我至今还未找到任何令人信服的答案。

需要。在小州比大州更需要特殊保护以对抗大州这一信条背后,可能是一种过度夸大了的以大凌小的想象,以此来吓唬其虚弱的同伴。可这引来了有关合法权利和利益的具体问题。如果总统由大众选举产生,那么,小州居民的合法权利和利益还会被忽略和侵害吗?认为他们会受侵害的观点建立在这样一个假设上,即总统候选人可能没有积极性去争夺居住在小州居民的选票,结果,小州居民的利益就容易在制定国家政策时被忽略。

但是,这一假设在我看来是错的。在直接选举的体制中,每个公民的选票都被赋予了同等的重要性，总统候选人会比他们现在更渴望赢得选票，无论选票来自何方；而且，当预期的竞选结果越势均力敌，候选人就越渴望赢得这些选票。当然，正像在选举人团制度中那样，成员众多的利益集团可能会比成员人数较少的利益集团得到更多的关注。但是，设想两个较小、规模类似的潜在投票人团体，一个集中在小州，另一个集中在大州；假设这两个集团都拥有利益和公开的要求，并且这些利益和要求与候选人的总体政纲兼容。在其他条件也大体相当的情况下，在大众选举体制下，总统候选人赢得这两个团体选票的积极性会同样强烈，而且，每个团体所在的地理位置大多无关紧要，在当今这个电视时代更是如此。

找不到合适的理由证明，居住在小州的投票人的合法权利、利益和要求就**应该**具有优先性，同样无法理解，如果总统是由大众选举产生的，这些小州的人的利益就会不公正地遭到侵害。

那么，**应该**做什么？**能**做什么？[19]

对选举人团制度应该做什么？

从民主的角度看，最合民意的改革就是通过一个宪法修正案，用直接投票的大众选举取代选举人团制度；如果没有候选人在大众选举中得到超过50%的票数，就接着在两个得票最多的候选人之间举行决胜选举。[20]

第二种可能性是推出这样的宪法修正案：继续保留选举人团制度，但要求各州的选举人票分配给候选人的方式与候选人在该州大众选举中所得份额比例相当。

最后，即使没有宪法修正案，为了回应高涨的大众舆论，州的立法机关也可以选择第二种解决方案，即按选区推举候选人。正如我们看到的，有些州在最初总统选举时就采用了这种制度。

第四章　选举总统

能做什么？

调查数据表明，绝大多数美国人支持改革选举人团制度。[21] 1989年，有人提出议案，要求修改宪法，取消选举人团制度，以直接大众选举的方式选举总统，这一议案在众议院获得了绝对多数的支持——338票对70票，83%的支持率。[22]

尽管改革受期待，也受欢迎，但是，对第二个问题——能做什么？——最现实的答案却是：大概不多。一项统计表明，众议院前后收到700多项有关修改或取消选举人团制度的提案，没一项成功。正如可以想象的，参议院埋葬了改变选举人团制度的宪法修正案——如我们所看到的，参议院是不平等代表权的大本营。当直接选举的提案在众议院以83%的支持率于1989年获得通过，并于一年后递交到参议院时，它就陷入了冗长演说（filibuster）的泥潭——反对者对不想投票的采取无休止的辩论加以阻挠。按照参议院的议事规则，要结束辩论进行投票，需要60名参议员——全体参议员的60%的支持。结束辩论的动议实际上已经赢得了多数票——100个参议员中54人赞成；但是，最终没赢得规则需要的60%的支持。[23] 即使提议的修正案付诸表决，也不可能赢得通过修正案需要的2/3多数——即67个参议员的支持。

因此，一条修正案必须赢得参议院2/3成员的同意这一要求，给小州的参议员以否决权，而且，他们可能与预见到本州在总统选举中的影响会被削弱的另外一些参议员联合行动。[24]

在选举人团制度的问题上，有三个相对**令人满意**的可能解决方案，然而，令人满意的程度似乎与其获得通过的**可能性**成反比。因此，无论制宪者对他们最后一刻的即兴创作在实践中如何运作多么迷惑，看起来我们还不大可能设法擦去美国宪政体制中这一非民主的污点。

※　※　※

制宪者将最高行政长官与大众的选择隔离开的努力是个显著的例

子，表明制宪者不能提供适于民主共和的宪政体制。选举人团制度的命运说明了这一失败的三个方面。

第一，几乎从选举人团制度建立的那天起，它就没像制宪者设计的那样运作。可以说，它迅速被新出现的民主力量颠覆了。

第二，即使是相对民主化的选举人团制度也保留了可能，而且有时确实导致非民主结果的一些特征。

最后，制宪者对修改宪法设置的条件，使可能得到美国多数公民支持的改革极难实行。

【注释】

［1］限于篇幅，不能详述，对选举人团制度精彩、充分的说明，可参见 Lawrence Longley and Neal R. Peirce, *The Electoral College Primer*（New Haven：Yale University Press, 1999）。另可参见 Robert M. Hardaway, *The Electoral College and the Constitution：The Case for Preserving Federalism*（Westport, CT：Praeger, 1994）。

［2］*Records*, 2：501.

［3］"James Wilson's Final Summation and Rebuttal," December 11, 1787, in *The Debate On the Constitution*, Bernard Bailyn, ed., 2 vols, Vol.1, 849.

［4］*Records*, 2：497.

［5］*Records*, 2：522.

［6］*The Federalist*（New York：Modern Library, n.d.），441. 虽然纽约州代表团的其他成员在6月就离开了制宪会议，但是汉密尔顿留了下来，尽管他很少介入争论，而且似乎对结果也没产生什么影响。

［7］Ibid., 443.

［8］我对"焦虑"的解释。

［9］*Records*, 2：500. 对"阴谋集团"的担忧恐惧出现在早期的讨论当中。

［10］宪法第二条规定"获得选票最多者应该成为总统"，"总统产生后，获得选举人所余投票数最多者当选为副总统"。

［11］"制宪者怎么会犯下如此低级的大错？更让人困惑的是，为什么总是急于抓住宪法文本缺陷的宪法反对者，也没有发现选举人团制度的这一弱点？简单地说，这是因为宪法的支持者和反对者，都没预见到全国范围内有组织政党的形成。"

第四章 选举总统

Richard J. Ellis, ed., *Founding the American Presidency* (Lanham, Md.: Rowman and Littlefield, 1999), 114.

[12] 这条修正案还规定,如果候选人都不能赢得多数选举人票,众议院将从得票最多的三名候选人中选择(不是最初条款规定的五人)。

[13] 对此的经典说明,参见 C. Vann Woodward, *Reunion and Reaction: The Compromise of 1877 and the End of Deconstruction* (Boston: Little, Brown, 1951)。

[14] Congressional Quarterly, *Presidential Elections since 1789*, 2nd ed. (Washington, D.C.: Congressional Quarterly, 1979), 11.

[15] Ellis, 118.

[16] 众议院席位根据2000年人口普查的数据重新分配后,这一数字会略有改变。

[17] Ellis, 118.

[18] Ibid., 119.

[19] 对改革可能性更充分的考察,请参见 Lawrence D. Longley and Alan G. Braun, *The Politics of Electoral College Reform*, foreword by U.S. Senator Birch Bayh, 2nd ed. (New Haven: Yale University Press, 1975)。

[20] 通过排序复选制、选择性投票法或优先投票等选举制度,就可能避免出现第二轮选举。"在选择性投票法中,投票人以他们选择的顺序标记候选人,即给他们最喜欢的候选人标记'1',给第二选择标记'2',第三选择标记'3',依此类推……1名候选人赢得了绝对多数票(50%加1%)就立即当选。如果没有候选人拥有绝对多数票,在选择性投票中,获得第一选择选票数量最低的候选人就会从考虑当中被'排除掉',他的……第二选择……按照选票上标记的顺序被分配给剩下的候选人。这一过程一直重复,直到某一候选人赢得绝对多数,被宣布正式当选。" Andrew Reynolds and Ben Reilly, *The International IDEA Handbook of Electoral System Design* (Stockholm: International IDEA, 1997), 38. 这一体制在澳大利亚得到应用,以在单一选区制下选举议员。1922年开始,一种类似的体制——单一的可转移的选举(Single Transferable Vote, STV)在爱尔兰共和国选举议会成员的过程中被应用。与美国的总统选举和澳大利亚的议会选举不同,在爱尔兰的议会选举中,选区中可能选出三名、四名或五名议员。STV使政党获得的选票数量与其在议会中的成员数高度相关(Ibid., 85ff)。

[21] 1968年的盖洛普调查向回答者提问:"对于取消选举人团制度,通过全国范围内的总选举选出总统的宪法修正案,你赞成还是反对?"被调查者中,81%赞

成，12%反对，7%没有做出判断（Longley and Braun, 154）。1992年的一次调查中，回答者被提问："如果按选举规定运作，就存在一种可能，即没有哪位总统候选人赢得足够的选举人票。如果这种情况发生，宪法将给众议院以权力决定谁是下一任总统。你认为，这样选择总统是否公平，要不要修改宪法？"只有31%的人觉得公平，61%的人回答说应该修改（CBS新闻——《纽约时报》对1 346名成年人的全国电话调查，1992年7月）。1992年的另一项调查表明，美国人对如果没有候选人得到选举人团的多数就通过国会众议院选举总统的方式非常不满。在给定的选项中，回答者的选择比较分散。他们认为代表们应该选举这样的候选人：

全国范围内最广泛的大众选举	29%
关心你所在州的人	16%
关心你所在国会选区的人	14%
能成为最好的总统的人	33%
不知道，没回答	7%

（盖洛普对1 006名成年人的全国电话调查，1995年8月。）

[22] Longley and Braun, 154.

[23] Shlomo Slonin, "The Electoral College at Philadelphia: The Evolution of all Ad Hoc Congress for the Selection of a President," *Journal of American History* 73 (June 1986): 35-58, cited in Ellis, 110.

[24] Longley and Braun, 169.

第五章 宪政体制绩效如何？

重复本书开头的问题：为什么应该支持美国宪法？人们可能会这样回答：因为它比任何可行的替代方案运作得都好。[1]

确实，如果我们宪政体制的独特属性使它比其他民主国家的体制表现得好，就值得我们自豪、自信。如果这些特性无关紧要，也许该忽略它们。但是，如果它表现得更差，不应该考虑可能的改革吗？

不同宪政体制的相对绩效问题，提出来很容易，做出可信的回答却极难。的确，今天我们能发现许多很好的指标（在一代人或更久以前我们做不到），来说明不同国家的体制在各种重要的方面表现如何：从读写能力、教育、健康、预期寿命，到政治和公民权利、收入、收入分配和其他方面。然而，要断定一个国家的宪政体制对这些方面表现的影响程度，则并非易事。正如科学界常说的，相关不等于因果。如果说美国在收入不平等方面比列举的 22 个发达民主国家中的大多数都严重得多，那么能推断说这是我们独一无二的宪政体制造成的吗？

尽管此类问题很难，并且制定宪法也还远不是门精确的科学，然而，与制宪者能想象的相比，我们今天对于不同的宪政体制的确有了更多可供使用的知识——比历史上任何一代人能收集到的知识都多。未来的年月里，我们若决定去做，就能获得更好的知识。

因此，尽管对不确定性确实应该保持应有的敬意，我还是想评估一下，与其他已经很好地建立起民主制度的国家相比，我们的宪政体制表现得究竟如何。我将使用 5 项标准。看宪政体制安排在多大程度上有助于实现以下几点：

1. 维护民主制度；
2. 保障基本的民主权利；
3. 确保在公民中民主的公正性；
4. 鼓励民主共识的形成；
5. 提供有效解决问题的民主政府。

维护民主的稳定

不同的宪政体制会深刻地影响一个国家维持其基本民主制度的可能性——简言之，它会维系民主吗？这一问题引出了近年来广泛探讨的大课题。

对这里的讨论来说不幸的是（对民主来说却是幸运的），这 22 个民主国家的经验，并不能为回答稳定性问题提供需要的证据。选择这些国家作为适合与美国比较的对象，是因为它们是所有在当今世界上，在半个世纪或更长的时间里完整地保持了基本的民主制度的国家。既然这些国家中没有哪个在过去的半个世纪（或更长时间）里发生过民主制度的崩溃，那就缺少了比较这些民主国家在保持民主稳定方面的表现的基础。举个例子，有 22 个人，除了在适度饮食方面一致以外，在饮食种类上千差万别，却都保持着同样的健康水平，就不能在他们的饮食对健康的影响方面得出任何结论。22 个在维持民主体制的存在方面表现得都很出色的国家也是如此。

然而，从对饮食研究的假设出发，可以得出一个很重要的结论：一定范围内的适当饮食才使健康的身体成为可能。类似地，从 22 个国家

第五章　宪政体制绩效如何？

的经验中，至少可以得出这样一个重要结论：宪政体制的差别显然并没影响到基本民主制度的存在。因为，所有这些国家都保持着稳定的民主制度，它告诉我们，宪政体制可能在相当广泛的范围内有众多变化，却并不影响民主制度的存续。[2]

如何解释这一令人诧异的结论？让我提出三个一般命题。

首先，如果某一国家的状况非常有利于民主，那么，像这22个国家之间在宪政体制上的差别就不会影响到基本民主制度的稳定。回到饮食和健康的对比上：在活得健康的一群人中，不同模式适度饮食间的差别不会有多大影响。这对于描述有利于民主稳定的条件来说可能扯得太远了，然而，却可以说，民主稳定看起来包括了诸如此类的条件：比如以选举产生的领袖有效地控制军队和警察，一种支持民主信念的政治文化，以及一个相对运行良好的经济秩序，等等。

有上述良好条件的国家，多种宪政都很可能维系其民主制度，没有上述及其他有利条件的国家的宪政体制就不能维持民主。正如我所说的，22个民主国家中，没有哪个国家在过去的半个世纪遭受民主制度的崩溃。但是，如果退到前一个世纪，就会发现，上述国家中有这样一个国家，其基本的民主制度（除包容性公民权外）虽已存在了半个多世纪，宪政体制的安排却没能防止整个国家陷入一场内战，而且这场冲突造成了比美国革命或法国革命规模还要大的人员伤亡。这个国家就是美国。保持国家统一必需的条件变得如此不利，大概什么样的宪政安排都不能防止分裂和内战。鉴于蓄奴州与自由州的公民在利益、价值和生活方式等方面发生了极端的两极分化，我无法想象有**哪个**民主的宪法能使这两部分人在一个国家中和平共处。

但是，假设有一个与所说的22个国家不同的国家，在那里，有些条件有利于民主，其他条件则不利于民主，在已有条件使民主不太确定的情况下，宪法的特别之处管用吗？看起来可能是，在不确定的情形下，宪政体制安排也许只是以这样或那样的方式打破平衡，使民主保持稳定或者走向崩溃。这一证据说明了什么呢？

争论颇多的一个议题是总统制或议会制对民主稳定的影响。或许因为美国的稳定和权力给人们留下了深刻的印象，发展中国家常常会采取某种形式的总统制。正像两个学者指出的那样，"一个惊人的事实是……实行总统制是第三世界的普遍现象"[3]。然而，崩溃的可能同样普遍。总统制和崩溃之间存在着必然联系吗？这是个有争议的话题。一些学者认为，在某些国家，稳定民主的条件是混合的——有些是有利的，有些是不利的，总统制比议会制更可能给民主的存续造成较大的压力。[4]然而，另一些人认为，"议会制没有在第三世界取得任何比总统制更好的进展；一个有争议的结论是，它表现得更差"[5]。

深入探讨这一有争议的问题，可能会使我们远离本书的主旨，因此，这里先不解决这个问题。但要提四点简短的忠告：第一，美国复杂的宪政体制可能不适于向别的国家输出。第二，在我们美国人能直接影响新兴民主国家的决策时，应该避免强加于人。第三，也许没有哪种宪政体制是唯一最佳的。最后，各种民主的宪政体制都需要调整，以适应特定国家的文化、传统、需要和可能性。

保护基本权利

如果说有关民主稳定的证据得不出明确结论，那么关于民主权利的证据表明了什么呢？民主国家的宪政体制在保护多数人和少数人的权利、机会和义务方面，做得如何？

这里，再次碰上方法论的问题。正如我在下一章要详细解释的，民主及其基本制度预先假定了某些基本权利的存在，诸如表达自由、出版自由等等。我们之所以把22个国家归到民主的类别，是因为除了其他条件外，它们都能够在高水平上保护基本的民主权利和自由。像稳定和崩溃一样，选择22个民主国家时，必然会排除任何一个大范围、长久侵犯基本政治权利的国家。

即使我们认为所有这些国家在保护基本政治权利方面都达到或超过了民主的基本要求，也还是能发现细微的差别。然而，重要的是，在广义界定的宪政体制与权利和自由这些变量间，没有清晰可辨的关系。"自由之家"（Freedom House）这个自1973年就开始为世界上的国家提供自由状况年度评估的独立非营利性组织，在政治权利上给所有22个民主国家打了相同的分数。在公民自由上，7个国家——比利时、哥斯达黎加、法国、德国、以色列、意大利和英国——比最高分略低。[6]如果回过头来，从显著的宪政特征出发审视这些变量，看看能不能解释这7个国家的得分何以比其余国家低，没人能道出区别。联邦主义、强大的两院制、上院不平等的代表权和强势的司法审查、选举制、政党制、议会制或总统制，没有哪一个能提供解释。再看看出版和广播媒体的自由。得最高分的国家中，挪威在"自由之家"的评价中得了近乎完美的分数：这是一个非联邦制的国家，实行议会制、单一议院、比例代表制、多党制、联合政府，对议会制定的法律没有司法审查。由此向下到中等得分，刚好在美国之下的荷兰，是另一个非联邦制的国家，有议会制、比例代表制、多党制、联合政府，也没有司法审查。为什么会有这样的差别？或者可以比较一下4个联邦制的国家——瑞士、澳大利亚、美国和德国。我们发现，联邦制与这些国家的得分几乎没有关系。[7]

能得到的最相关的结论是：在成熟的民主国家中，民主的条件通常是良好的，权利和自由方面的差别不能归于宪政体制。如果不是宪政体制，那又是什么呢？

我认为，可以从民族历史、政治文化以及对内在的和战略性的生存威胁看法的差别中找到答案。如果事实的确如此，那么，民主国家最终不能依靠其宪政体制维护自由。它只能依赖于政治、法律和文化精英与这些精英负责回应的公民共享的信念和文化。

民主的公平性

在对待不同公民的公平性上，美国的宪政体制和其他成熟的民主国家的体制相比,结果如何?众所周知,公平或正义的问题是自古以来具有最优秀头脑的人之间无尽争论的源头。的确,不同的正义观似乎成为人类生活条件的一部分。然而,我想越过这些持续的争论,集中于与现在讨论的问题直接相关的公平的一个方面。

如果我可以从更广的意义上使用"宪政体制"这个术语,让它包括选举制度的安排,就能大略地把选项减少到两个。一个我称为比例制,作为比例代表制的结果,某一政党在立法机关中赢得的席位比例大致对应于选民投给该党候选人选票的比例。另一个我称为多数制[8],在某一特定选区得票最多的候选人赢得该选区唯一的席位,其他候选人则得不到席位。在比例制中,所有获得高于某一起点的选票数量——例如5%——的少数派政党将在立法机关有自己的代表。在多数制中,如果某一政党的候选人在每个选区都赢得了选民的多数(相对多数),该党就能赢得所有席位。虽然这样一种极端的结果只是理论上的可能,但是,在多数制中,赢得多数选票的政党常常会赢得高于得票比例的席位;第二大党获得少于得票比例的席位;第三党即便有席位,也极少。

在前面一章,我指出了比例代表制可能产生多党制和联合政府;领先者当选制容易产生两个占主导地位的政党;在有两个占主导地位的政党的议会制中,总理和内阁可能来自占据多数席位的单一政党,典型的例子是英国。

实际上,在比例原则和多数原则哪个更值得追求的争论中[9],可能没有谁会质疑,比例原则比多数原则在对待公民上更公平。然而,比例原则不一定意味多数统治原则完全不发挥作用了。例如,在立法机关中,选出的代表一般采用多数原则做决定。但是,因为统治联盟一般会包括来自少数党的代表,统治上的多数会比多数制中的多数更具包容性。因此,比例制比多数制更能为所有人提供平等的代表,也就是平等的发言权。

多数原则的提倡者也许会承认比例原则更公平,但是,他们可能认为多数制有两个优点,从而远远抵消它的不公平。首先,辩护者常常说,比例原则往往导致不太稳定的联合政府,因而比多数制政府的**效能**

第五章　宪政体制绩效如何？

差。为数众多的实行比例制的成熟民主国家的经验表明它们缺乏效率吗？稍后我将转向有关这一问题的证据。但是，假定我们发现，实行比例制的政府并不比实行多数制的政府效率低，那又基于什么缘由否认比例原则呢？

如果我们认为，有两个主要的政党而不是多个政党（典型的比例制），能使政府更对选民**负责**，就仍会反对比例原则。这一假设可能会这样解释：两党的多数制有利于选民促使政府更负责任，因为它使选民的选择简单化、清晰化。结果，在选举时，选民能确定政府最近采纳的决定和政策的责任者。而比例制下的选民，面对多党竞争和可能出现的联合政府，会觉得很难推测自己选票的实际意义。在多党议会中形成多数联盟，是件棘手的事。一个选民所在的政党要加入联盟，得做出什么样的妥协才能换得位子？该联盟最终达成一致并予以贯彻的政策会是什么样？与此相反，多数制下的选民通常只有两个现实的选择，这样一来他们就可能更准确地猜测到政府在这个或那个主要政党的领导下将走向何方。[10]

顺着这些思路辩护，就可能给多数制提供强有力的支持。多数主义者的想象尽管诱人，却不容易变成现实。首先，正如鲍威尔所指出的，在少数几个名义上实行多数制的国家里，我们看到，"选民们常常拒绝给某个政党，甚至是某个预选联盟（preelection coalition）以多数票的支持"。在6个"绝对多数"（predominantly majoritarian）的国家从1969年到1994年的45次选举中，"只有澳大利亚于1975年，法国于1981年，其中的一个政党或预选联盟赢得选民明显多数的选票"。简单地说，正如在美国总统选举中发生的那样，多数主义常常不能产生能反映多数选民选择的政府。第二，在多数制中，议席与选票间的扭曲关系有时可能让甚至没赢得选民的简单多数、实际上处于第二位的政党获得多数议席。在这些事例中，选民中的少数党在立法机关中变成了多数党。第三，即使在多数体制中，"实际上，纯粹的两党政治也是稀有的现象，经常不像它看上去那么强大"。就是说，第三党（如英国的自由民主党）可能会阻止两个主要政党中的任何一个赢得多数选票，尽管其中一个政党会赢得多数席位。[11]

鼓励共识

即使比例原则比多数原则公平,许多美国人还是会说,公平的代价太高了。他们断定,任何一个多党竞争执政的国家都肯定会出现分裂和争吵,并受到一个不稳定和低效的联合政府拖累。这种观点有多正确呢?

与这一观点针锋相对,率先对民主国家的比例原则和多数原则进行比较分析的学者阿伦德·利普哈特(Arend Lijphart),把比例制称为"共识政府"。[12]他讲得很对,因为经验表明,即便比例原则并不总能防止深刻的政治、社会、文化或经济上的分裂(例如以色列),但它有时确实有助于保持内部的和平,提供对手之间妥协的机会,产生不但有助于政府决策,而且有助于国家政治安排的广泛共识。

举三个例子。[13]在荷兰,宗教和意识形态的差别使国家陷于深刻分裂,形成了四个基本的群体:新教徒、天主教徒、自由主义者和社会主义者。四个群体构成界限分明的亚文化,从报纸、广播到学校、工会、医院、婚姻、居住等方面,都形成了各自的制度,彼此间壁垒森严。自从20世纪初期比例代表制引入荷兰后,每一群体都支持它们各自的政党。毫不奇怪,19世纪末和20世纪初,四个亚文化群体之间的根本分裂导致教育、选举权和劳动权的严重冲突。到1910年,这一争论变得如此强烈,以至于四个群体的领袖对国家的未来非常担忧。被这种担忧驱使,从1913年到1917年,他们不仅通过协商达成可接受的妥协,而且同意代表四个群体的政党都应该有内阁成员。简单说,他们创建了共识政府。尽管四个亚文化群体间仍存沟堑,但是,充分包容的、高度制度化的体制存续了半个世纪,直到后来,人口构成发生变化,差异程度不断减轻,才降低了每一内阁都包含四个政党的需要。即便如此,直到今天,荷兰政府仍然强调包容和共识,而不是多数派控制

第五章　宪政体制绩效如何？

政府。

再说瑞士，它有四种官方语言——德语、法语、意大利语和罗曼斯语（说罗曼斯语的人口较少）；它有两大宗教——新教和天主教，直到19世纪中期这两大宗教还是血腥冲突的根源；它有二十几个行政区，许多区内部都在语言和宗教上高度同质化。仔细思考在这些亚文化之间发生冲突的可能性，可能会得出结论认为像巴尔干半岛一样，瑞士定会由于剧烈的冲突而动荡，甚至可能处于国家分裂的边缘。然而，瑞士人的实用主义、共同意识和国家认同使他们在1959年创造了一种比例制，基于此，代表不同亚文化的四个主要政党的代表，往往都会进入行政部门——联邦委员会或联邦**参议院**（Bundesrat）。

有理由得出这样的结论，如果瑞士和荷兰实行多数制，要建立以不同亚文化的广泛共识为基础的政府，不但极困难，而且简直不可能。

瑞典的情况大不相同。作为国民高度同质化的国家（除最近有大量的移民流入外，无论从哪一方面来看都是如此），瑞典有长久而稳定的共识政治的传统。虽然瑞典议会的起源可以追溯到几个世纪前，民主化的到来却相对较晚。直到1917年，选择首相的权力才从国王的手中转入议会。从这个意义上说，瑞典的民主可追溯到1917年。然而，比例代表制在20世纪初就已经在议会选举中使用。即便如此，比例代表制也好，民主化也好，都没有冲淡瑞典长期存在的共识传统。正如一位瑞典政治学家所写的：

> 在瑞典的政治传统中……"责任"很少被认为是一种价值。相反，合法性是由别的策略提出来的。通过与反对党分享权力，在统治国家的时候将它们也包容进来，政府就会被认为是作为整体的全体人民的代表，因此，这是一个所有人都会为之效忠的政府。"达成共识"，"发现共同的政策"，"捕捉民众的意愿"，已经被宣布为瑞典政治家的动机。**代表性**是政治文化的核心准则。[14]

从美国人的角度看，这一结果可能令人难以置信。与荷兰和瑞士截然不同，瑞典的内阁常常由在议会中**不占多数**的一个政党或政党联盟组成。过去的一个世纪，"少数派政府显然是最普遍的现象。在1920年到

1994年间，政府得到议会的平均支持率是41.5%"。你可能很奇怪，少数派政府如何能有所成就，如果一事无成，又怎么能长期执政。答案看起来是这样的，即为了在议会和在全国范围内达成广泛共识，即便是少数派政府也与**不参加**政府的政党的代表磋商。简单地说，少数派政府也靠共识统治。

如果你疑惑为何荷兰、瑞士和瑞典人偏好比例原则而不是多数原则，答案也相当明显：比例原则不仅看起来公平得多，还有助于取得并维持对政府政策的广泛共识。

比例原则能强化共识，它不仅有利于政策，也有利于民主。原因看起来在于，比例原则导致较少的输家。为澄清这一点，让我们夸张地阐释一下：在多数制中，选举中唯一的胜者是那些恰巧属于多数派的公民；所有其他公民，即失败的少数派公民，是输家。相反，在共识政府的比例制中，每个人（准确地说，是几乎每个人）都能赢，也许不是赢在他们希望的每件事上，却足以使他们对政府基本满意。

为避免使你觉得这些判断不过是有趣的推测，我引证一些有说服力的证据。[15]

1990年，在一次对11个欧洲民主国家公民看法的调查中，被调查者被问及他们对自己国家的"民主运作方式"的满意程度。他们还报告了自己在本国最近一次全国选举中是如何投票的。由于事先知道每个国家的选举结果，研究者据此将被调查者分为赢家和输家。11个国家从多数主义最强的英国到共识原则最强的荷兰进行排列。调查结果（研究者认为"坚强有力"）相当明确：共识原则较强的国家，输家几乎与赢家一样对自己国家民主制度的运作方式满意；相反，在多数主义较强的国家，输家更可能不满意。

用另一种方式来描述这些结果，假设在一个国家中，胜利者的70%和失败者的40%满意其民主制度的运作，两者相差30个百分点。在另一个国家，胜利者的70%和失败者的65%对民主制度感到满意，两者仅相差5个百分点。在刚刚提到的对11个欧洲民主国家的调查中，人们对民主运作方式的满意程度按下述顺序递减：从像英国这样多数主义最强的国家的很大差距（大约是 25 个百分点），到像荷兰这样共识原则最强的国家几乎可以忽略不计的差距（小于 5 个百分点）。[16]而且，即便考虑经济效益、社会经济地位和政治利益的影响，结果也一样。[17]

简言之，如果你居住在一个多数主义的国家，所属的政党居于第二位或更低，你就可能不满意本国的民主运作。但是，如果你居住在较强的共识制下的民主国家，尽管你所属的政党居于第二位、第三位，甚至是第四位，你仍然可能对民主运作的方式满意，因为你知道，有人在政府中代表你的观点。

你可能会说，这些都不错，但是，一个共识的体制能产生有效能的政府，也就是能解决公民关心的问题的政府吗？多数制政府不是更有效能吗？尤其是，我们美国的宪政体制不也与许多共识政府一样有效能，甚至在按照公民意愿做事情方面，也许多数政府更有效能？我马上就会谈到这个问题。

但在这样做之前，让我们将注意力移向我们宪政体制的一个突出部分：**美国的宪政体制并不是多数主义的。**

美 式 混 合

无论假定多数制有什么优势，都不适用于美国的政府体制。我们的体制不是比例制的，也不是多数主义的。或者出于理性的意图，或者由于可理解的对后果无法预料，或者两者都有，詹姆斯·麦迪逊和一起出席美国制宪会议的代表们创造了比例原则和多数原则相混合的宪政体制。

三种多数。显然，两个政党比其他任何成熟的民主体制都更彻底地主宰我们的政治景观。然而，即使一个政党同时赢得总统职位和两院的多数，这也是三种不同的大众多数在起作用；其中每一种多数的构成都与其他的不吻合。他们的代表也不一定都意见一致。不是说这一特征肯定不受欢迎，但是，当它与我们体制的其他方面结合起来时，确会显现令人不快的结果。

分治政府。首先，一个政党也许无法控制所有三个机关。实际上，过去的半个世纪中，由一个政党同时控制总统职位和国会两院的情况非常少见。正如戴维·梅休（David Mayhew）在《分治治理》（*Divided We Govern*）一书中所指出的，"二战以来，不同的政党分别控制美国政府，看起来成了正常现象"[18]。从1946年到2000年，每10年内有多于6年时间是两个政党分别控制这三个机构。我们的宪法不仅允许分治政府，而且不能防止它。除了也许只复制了现存的分治或制造新分治的固定间隔的选举外，宪法没提供别的解决方法。

政府的分治事关重大吗？尤其是，分治政府时期会使三个机关在需要立法的国家政策上更难达成一致吗？简单地说，在这期间更容易形成僵局吗？相关的证据是混合的。在对1946年至1990年选举情况的一项划时代的研究中，戴维·梅休没发现"在重要法规的通过率与一个政党控制还是两党分治之间存在值得注意的关系"[19]。然而，在随后对1947年到1994年这一时间段的分析中，他得出结论，重大立法更可能在一党控制政府时通过。当所有三个政府机构都受民主党（这是两党中比较活跃的）的统一控制时，分治的与统一的政府的差别特别明显。[20]

总统：共识制、多数制、两者都是、两者都不是？在这一复杂的政治体制结构的顶点，坐着（有时站着）美国总统。在任何其他确立的民主制度中，或者我知道的任何其他民主国家里，都找不到一个与此类似的职位。

把总统制归为共识或多数主义的简单分类相当困难，实际上也是不可能的。这种径直分类的困难之一在于总统角色的复合性。最显著的是，在其他老牌民主国家中，总理和象征性国家元首的角色是分离的，而在我们的体制中，两者集于一身，这不仅是宪法的规定，也是公众的期望。我们希望我们的总统既是最高行政长官，又是某种礼仪性的、高贵的、美国风格的经选举产生的君主和道德楷模。

这种角色的混合性从一开始就表现了出来。早些年，报纸对总统的谩骂常常远超出现在所能接受的程度，因此，为了维持官员的尊严，除

第五章 宪政体制绩效如何？

了官方场合外，总统很少对公众发表演说；即使发表演说，他们也很少使用大众的言辞，不论及自己的政策。抛开其他不谈，仅就这些方面看，他们的行为更像君主或国家的象征性元首而不是政治家。实际上，直到19世纪30年代，总统候选人从不发表竞选演说；在伍德罗·威尔逊于1912年打破一个多世纪的禁忌前，没有哪个总统曾"代表自己发表演说"[21]。

然而，从安德鲁·杰克逊开始，总统们开始提出大胆的主张，即由于他们的当选，他们独自代表**全体**人民，至少是多数人。有些总统甚至声称，选举让他们获得了推行自己的政策的"授权"。就授权统治的宣称被人们接受而言，它会通过给总统政策披上人民主权的合法性外衣而增强其可接受性。

虽然新当选的总统经常宣称得到选民授权，但越是仔细地检查支持这项要求的一系列假设，它们之间的联系就越显得脆弱。[22]从只是投票选举总统的方式推断选民的意见，这需要在信任上做不同寻常的"跳跃"。虽然系统的民意调查为理解公众态度和期望提供了更坚实的基础，但总统授权统治的宣称是在一个世纪前，当时还没有系统的民意调查，仅仅是基于选举的结果。甚至从20世纪40年代出现系统的民意调查以来，总统及其支持者（和政治专家）通常也只是把授权的宣称建立在选举申报书上，它并不能表明总统的政策是不是与选民的偏好一致。自20世纪40年代开始，这两者间的一致性更多地来自仔细关注民意调查的结果，而不是对选举结果进行解读茶叶式的占卜。

总统代表"美国人民"的宣称与推行特定的国家政策的努力，使美国的总统角色特殊化，使它既不是简单的多数主义，也不是简单的共识制。

这种混合角色看起来已经为美国人广泛接受。我们似乎希望总统既是精明强干的政客，又是天资聪慧的政治家。我们希望他既生活在日常政治的真实世界，又居于高出政治的想象中的世界。我们大多数人都理解，为成功地履行职责，总统必须是个主动、有力的党员和党的领袖，得是协调者、做交易的人，为了实现承诺和落实政策，他要对国会采取奉承、哄骗、收买、威胁、强迫等手段，以获得国会的投票和支持。

但是，我们又希望总统为所有人树立一个道德楷模，如偶像般挺立，我们要求他在智力、知识、理解、同情心、性格等方面，远高于我们这样的普通人。凡人都达不到如此高的标准，所以，我们常在总统在位时粗暴地抨击他，又在追忆中赞扬他。其在任时，我们能够把一个总统描绘成卡通片上的笨熊，但当他离开白宫或这个世界时，我们就忘记了他的毛病、伤疤，而将他描绘成一个理想化了的高贵人物，奉为表率。

对总统的这种矛盾情感深深植根于美国文化中。当还是孩子时，我们学会因总统的伟大而崇拜他们[23]；长大成人时，我们嘲笑他们不能像其神话般的前任那样，成就伟业。选择总统候选人时，我们期待完美，但我们唯一现实的选择却不得不在因现实政治生活要求而在道德上暧昧不清的有缺点的人中做出。一句话，人们期望美国总统扮演的这个不可能实现的混合角色，让在任总统，更重要的是，也让美国的选民背上沉重的负担。

可问责性。 让政府对自己的行为负责任，也许是选民更沉重的负担。我们要把政府的行为责任置于何处？当我们去参加投票时，我们要谁为国家政策的成功或失败负责？总统？众议院？参议院？还是未经选举产生的最高法院？或者鉴于我们的联邦体制，应该由各州负责？就其复杂性来讲，州政府是联邦政府的一个微缩景观。

即使对一生都在研究政治的人来说，这些问题也都极难回答。作为其中的一员，我倾向于认为，与别的发达民主国家的政治体制相比，我们的政治体制是最迟钝、复杂、混乱和难以理解的。

因而我们发现，我们这个既非多数制亦非比例制的混合体制，也许不具备两者的优点，却有两者的缺点。如果说它没能确保比例制承诺的公平，那它也未能确保多数制许诺的明确的可问责性。

民主的效能

对所有这一切，你也许会说：即便从比较的角度看，美国式的混合体制可能有缺点，但它在处理有关美国公民的事务上，不是和其他政府一样有效能吗？

同样，如果不面对一些严格的方法论问题，就无法负责任地应对上述疑问。我们的22个民主国家在很多方面千差万别，因此梳理出可以合理地归因于宪政体制的那些结果，成了相当可怕的任务。以**规模**为例。美国的人口是挪威的60倍，丹麦的50倍，瑞士的37倍，瑞典的30倍，相当于冰岛的近1 000倍，冰岛在人口数量上比佛罗里达州的坦帕市（Tampa）还少。

虽然很难衡量人口数量对民主政治生活的影响，但这种影响也决不容忽视。[24]

或者考虑**多样性**：一般而言，多样性往往随着规模的扩大而增加。[25]然而，真的能说美国比瑞士或邻国加拿大更具多样性吗？

再看另一个变数：**相对富裕**。虽然挪威和哥斯达黎加的人口数量都比较少（挪威大约有450万，哥斯达黎加大约有370万），但是，挪威的人均国民生产总值（GNP）是哥斯达黎加的14倍。[26]

规模、多样性和相对富裕等方面的差异，在多大程度上影响到政治生活和公共政策？尽管诸如此类的变量表现出来的国家差异在解释上存在困难，但是，比较的数据还是有助于理解美国在与其他发达民主国家比较后的表现。[27]当美国与其他发达民主国家在诸如入狱率、富贫比率、经济增长、社会支出、能源利用率、对外援助等指标上进行排序时，我们的表现并不让人印象深刻（见附录B表5）。我们的国家在两个领域得分最高，这却很难说是能让我们引以为荣的成就。在入狱率方面，我们取得了淋漓尽致的胜利，而我们的富贫比率也高于大多数其他国家。在投票率、国家福利指标、能源利用率和妇女在国家立法机关中的代表方面，我们排倒数第三名或接近倒数第三的底限。更有甚者，尽管我们在经济增长方面成绩优异，但是社会支出几乎排名最后。最后，尽管许多美国人认为我们在对其他国家进行经济援助方面过于慷慨，但是，在19个民主国家中，我们列在最后。

在比较了36个国家的共识制和多数制后，阿伦德·利普哈特得出结论："在宏观经济管理和暴力控制方面，多数主义的民主体制不比共识制的民主体制表现更好（实际上，共识制的民主体制还表现得略好）。而在民主的质量、民主的代表性和我所说的公共政策导向的友善和温和性方面，共识的民主在表现上明显胜过多数主义的民主。"[28]

写下利普哈特的结论时，我没发现什么令人信服的证据可以证明我们的混合体制要胜过更加共识的体制或更加多数主义的体制。相反，与其他民主国家相比，我们的体制从总体表现看，充其量不过是一般。

我们的表现在多大程度上与宪政体制有关？弄清楚这一联系的程度非常困难，也许不可能，我准备将这一任务留给别人。[29]

然而，有一点看起来相当清楚，即一个在保障基本权利、平等的代表权和更广泛的共识等民主目标方面设计得较好的宪政体制，并不必然会牺牲政府的效能，更不用说民主制度自身的稳定了。

如果的确如此，我们难道没有充分的理由认真负责地考察有可能替代现行美国宪法的方案吗？或者起码不再把我们的宪法视为神圣的文本，而是开始把它看作不过是实现民主目标的手段，难道现在不正当其时或为时已晚了吗？

【注释】

[1] 这里，我引用了我的论文："Thinking About Democratic Constitutions: Conclusions from Democratic Experience," in Ian Shapiro and Russell Hardin, eds., *NOMOS XXXVIII*, *Political Order*（New York: New York University Press, 1996）。

[2] 基本民主制度的存续不应与议会"政府"的稳定或倒台混为一谈。在我们所谓的22个民主国家中，从内阁频频解散的意大利到高度稳定的挪威和英国，议会体制在内阁联盟（"政府"）的存在时间方面存在巨大差别。然而，即使在意大利，内阁倒台后，也可能由原班人马或者组成原政府的那些政党重新组阁。

第五章 宪政体制绩效如何?

[3] Mathew Soberg Shugart and John M. Carey, *Presidents and Assemblies: Constitutional Design and Electoral Dynamics* (Cambridge: Cambridge University Press, 1992), 41.

[4] 欲了解对这一观点的支持和怀疑,可参见 Juan Linz and Arturo Valenzuela, eds., *The Failure of Presidential Democracy: Comparative Perspectives*, vol. 1 (Baltimore: Johns Hopkins University Press, 1994)。

[5] Shugart and Carey, 42.

[6] Aili Piano and Arch Puddington, "The 2000 Freedom House Survey," *Journal of Democracy* 12 (January 2001): 87-92.

[7] Freedom House, *Press Freedom Survey: Press Freedom World Wide* (January 1, 1999).

[8] 这里,我借鉴了宾汉姆·鲍威尔的用法。参见 G. Bingham Powell, Jr., *Elections as Instruments of Democracy* (New Haven: Yale University Press, 2000)。

[9] 鲍威尔以大量的评论和数据做了精彩分析。参见 *Elections*。

[10] See ibid., Ch5. 4 and 6.

[11] Ibid., 129, 130, 197.

[12] Arend Lijphart, Democracies, *Patterns of Majoritarian and Consensus Government in Twenty-One Countries* (New Haven: Yale University Press, 1984), and *Patterns of Democracy, Government Forms and Performance in Thirty-Six Countries* (New Haven: Yale University Press, 1999).

[13] Hans Daalder, "The Netherlands: Opposition in a Segmented Society," in Robert A. Dahl. ed., *Political Oppositions in Western Democracies* (New Haven: Yale University Press, 1966), 188-236; Arend Lijphart, *The Politics of Accommodation: Pluralism and Democracy in the Netherlands*, 2nd rev. ed. (Berkeley: University of California Press, 1975), 104ff.

[14] Leif Leiwin, "Majoritarian and Consensus Democracy: The Swedish Experience," *Scandinavian Political Studies* 21, no. 3 (1988): 195-206.

[15] Christopher J. Anderson and Christine A. Guillory, "Political Institutions and Satisfaction with Democracy: A Cross-National Analysis of Consensus and Majoritarian Systems," *American Political Science Review* 91 (March 199): 66-81.

[16] Ibid., fig. 4, p. 77.

[17] Ibid., 78.

[18] David R. Mayhew, *Divided We Govern: Party Control, Lawmaking, and Investigations, 1946-1990* (New Haven: Yale University Press, 1991), 1.

[19] Ibid., 76.

[20] John J. Coleman, "Unified Government, Divided Government, and Party Responsiveness," *American Political Science Review* 93 (December 1999): 821-836.

[21] Jeffrey K. Tulis, *The Rhetorical Presidency* (Princeton: Princeton University Press, 1987), 87ff. Gil Troy, "Candidates Take the Stump, Then and Now," Letter, *New York Times*, January 17, 1988.

[22] 在《总统授权的神话》一文中，我对此做过较长的论述，参见 "The Myth of the Presidential Mandate," *Political Science Quarterly* 105 (Fall 1990): 355-372。

[23] Fred I. Greenstein, "The Benevolent Leader: Children's Images of Political Authority," *American Political Science Review* 54 (December 1960): 934-943. 有关美国在校儿童对总统的看法与英国和法国在校儿童对本国行政首脑的不同的论述，参见 "Children and Politics in Britain, France, and the United States: Six Examples," Fred I. Greenstein and Sidney Tarrow, *Youth and Society* 2 (1970): 111-128。

[24] 在 *Size and Democracy* (Stanford: Stanford University Press, 1975) 一书中，我和爱德华·塔夫特（Edward Tufte）做过这类探究，遗憾的是，这一议题似乎没引来更多后续调查。

[25] Dahl and Tufte, *Size and Democracy*, 95ff.

[26] 尽管按购买力平价计算，这一差距下降到不到四倍。U.S. Census Bureau, *Statistical Abstract of the United States, The National Data Book, 1999* (Washington, D.C.: U.S. Government Printing Office, 1999), 841, Table 1362.

[27] 详情参见附录B表5。

[28] Lijphart (1999), supra, 301-302.

[29] 胡安·林茨（Juan Linz）和艾尔弗雷德·斯捷潘（Alfred Stepan）以给人深刻印象的证据表明，有特权的少数能否决联邦政策的立法，美国联邦体制下的社会政策是经济合作与发展组织（OECD）所有国家中表现最差的。有关他们的发现的简短初稿，请参阅 "Inequality Inducing and Inequality Reducing Federalism: With

Special Reference to the 'Classic Outlier' —the USA," paper prepared for the XVIII World Congress of the International Political Science Association，August 1-5，2000，Quebec City，Canada。

第六章　为何不是更民主的宪法？

我在本书开头提出了这样一个问题：我们美国人为何应当维护我们的宪法？现在把这个问题稍微变换一下：我们觉得自己有义务支持的**应当**是怎样的宪法？

当然，我这里指的美国宪法不一定是我们的现行宪法，它是这样一部宪法，我们和同胞公民们通过仔细而持久的深思熟虑后得出明确结论认为，它是设计来为我们的基本政治目标和价值观服务的最佳宪法。

作为国家标识的宪法

我清醒地意识到，像在这里写的一系列文章这样，表达对宪法的保留意见，我可能会被判定犯了向国家标识扔石头的罪过。一位历史学家最近评论道："从开国元勋的时代开始，宪法就笼罩着一道神圣的光环，这表现在节日的政治颂词中。"在两次世界大战期间，对宪法的崇拜"穿上了宗教般顶礼膜拜的诱人外衣"[1]。这种崇敬之情一直持续。1997年对1 000多名美国公民的一项电话调查中，71%的人强烈赞同为

第六章　为何不是更民主的宪法？

宪法而自豪的描述，另外 20% 的公民表示比较赞同。[2] 1999 年的一项调查中，85% 的公民表示，他们认为，宪法是"美国在过去的世纪中取得成功"[3]的主要原因。

我并不否认标识在加强宗教或政治信仰方面的重要性，也不否认神话和仪式能培养民族凝聚力。但是，把国家意识仅仅建立在常规信念的一般性认同上，这个基础就太脆弱了，更不用说对民主国家了。因此，我想提出一种替代方案。

依我看，民主体制下民众的唯一合法的宪法是被制定来服务民主目标的宪法。由此看来，美国宪法应该是我们能设计出来的、有利于政治上平等的公民在法律和政府政策之下最好地实现自我治理的宪法，这些法律和政策也是在公民的理性同意下采纳和维持的。

这不是什么新观点。我这里说的是——早在两个多世纪前就已经向世界宣布了的——宪法的合法性源自道德和政治上的判断。这一判断（与最初版本略有不同）宣称：

> 一切**人**生而平等，造物主赋予他们某些不可剥夺的权利，其中包括生命、自由和追求幸福的权利。为了确保这些权利，在**一群人**中间建立起了政府，政府权力的正当性来自被统治者的同意。无论何时，一种政府形式一旦破坏了这些目标，人民就有权改变或废除这个政府，并以人民看来最有可能实现其安全与幸福的原则组建新的政府，安排其权力。

两个问题随之而来。第一，政治平等是现实的目标吗？第二，政治平等是值得追求的目标吗？[4]

政治平等是现实的目标吗？

你们有人也许会认为，我刚刚引用的那些崇高的话明显是错的。如果说关于平等方面有什么是不证自明的，你可能会反对说，不证自明的是，人们是不平等的。无论根据遗传、出身、运气、成就或是别的什么，我们在教育、文化遗产、社交和沟通技巧、智慧、运动技能、收入、财产以及我们居住的国家等方面，都不是平等的。虽然这一反对意见已经很普及，但它根本没得要领。对起草并通过美国《独立宣言》的人不需要提醒这些基本的事实。他们太了解这个世界的运作方式了，以至于不会发表与人们的日常生活经验相悖的宣言。他们当然不会把宣言理解为对事实的描述。他们是把它理解为一种**道义**的陈述。他们坚持认为，人类平等是评价政治体制是否正确、适当的道义甚至是宗教标准。

然而，理想的标准可能被拔得太高，超越了人能达到的高度，从而变得不相干了。政治平等是不是离人的可能性太远，以至于我们得忘掉它？

不必提醒你对实现政治平等，也是实现一般人类平等的巨大、长久的障碍。[5]想想对男女差别对待的那些基本、长久的障碍吧。上面刚引用的有关平等的家喻户晓的名言的作者和1776年7月在第二届大陆会议投票通过《独立宣言》的55位代表，当然都是男人，他们当中没有谁有一丁点的想法要将选举或是其他基本的政治或公民权利赋予妇女——根据当时和以后一个世纪的法律，她们是其父亲或丈夫的合法财产。

宣言的可敬的支持者们也不会想到把奴隶或非洲裔自由民包括进来，在几乎所有要求成立独立自治的共和体制的殖民地中，他们占人口相当大部分。宣言的主要作者托马斯·杰斐逊拥有几百名奴隶，他生前没有释放过其中任何人。[6]直到87年后（"four score and seven years later"借用林肯葛底斯堡演讲中诗意的表述），人们才通过武力和宪法修正案在合众国合法地取消了奴隶制。在美国的南部，又用了一个世纪，非洲裔美国人参与政治生活的权利才得以有效执行。现在，经过了两代人之后，美国白人和黑人之间仍然存在着深深的创伤，这是奴隶制度及其恶果在人类平等、自由、尊严和敬重上造成的创伤。

我们崇高的宣言也没打算包括那个曾在这块土地上居住了几千年的民族。这块土地被欧洲移民殖民化并占据了。我们都熟悉殖民者拒绝给予早期美洲居民住宅、土地、空间、自由、尊严和人道的故事，这些居

第六章　为何不是更民主的宪法？

民的后代今天还在忍受着几个世纪不公对待的恶果，他们作为人类平等成员最基本的法律、经济和政治的要求（更不用说社会的要求了）被拒绝，并经常伴以暴力。长时期如此不公待遇之后，则是忽视和冷漠。

所有这些都出自这样一个国家，欧洲的来访者（比如托克维尔）把它描绘成表现出比他们在世界其他地方观察到的都更强烈的对平等的渴望，我认为这种观点是正确的。

尽管在整个人类历史中平等常常在实践中被拒绝，但在过去的几个世纪里，许多平等的要求（包括政治平等）逐渐在制度、实践和行动中得到加强。尽管这种追求平等的里程碑式的历史运动在某些方面是世界性的，但是，在英国、法国、美国、斯堪的纳维亚国家、荷兰等这样的民主国家，这个潮流最引人注目。

在《论美国的民主》第一卷的开篇，托克维尔指出了他的法国同胞们对身份平等要求的不可阻挡的增长，"间隔为50年，从11世纪开始"。这一革命不仅发生在他自己的国家，他写道："无论把目光投到哪里，我们都将见证同样持续的革命遍及整个基督教世界。"他继续写道："身份平等的逐渐发展是……天意使然，这种发展拥有所有神圣天意的特征：它是普遍的，它是持久的，每时每刻都能摆脱人为的阻挠，所有事情、所有人都在促使它前进。"[7]

我们也许认为托克维尔这段话有点夸张。我们可能还需要注意，在几年后出版的第二卷中，他更担心他所认为的民主和平等会出现令人不快的结果。稍后我会回到他的担心上。但即使如此，他也没怀疑民主和平等的持续发展是不可避免的。而且，如果我们回头看看自他那个时代以来的种种变化，就像托克维尔在他那个时代那样，我们也许会大大惊诧于在世界众多地方，尊重和推动政治平等的思想与实践，已经拓展到很高的程度，而且更广泛的人类平等的一些方面同样进展很大。

说到政治平等，考虑一下在刚刚结束的20世纪里，民主的观念、制度和实践惊人的传播。1900年，有48个完全或基本独立的国家，其中只有8个国家拥有除妇女选举外代议民主要求的所有基本制度，只有1个国家即新西兰，妇女获得了选举权。这8个国家的人口只占了不到世界人口的 10%～12%。本世纪一开始，约 190 个国家中，大约有 85 个国家确立了包括普选制在内的现代代议民主的政治制度和实践，其程度堪与英国、西欧和美国相比。这些国家涵盖了当今世界居民的几乎一半。[8]

在英国，工人阶级和妇女获得了公民权和更多的权利。中等、中下等和工人阶级出身的男人和女人们不仅赢得了进入众议院及其相关部门的权利，而且进入了内阁，甚至担任首相。上议院的那些世袭贵族最终被赶走——他们中的大多数吧。在美国，妇女也获得了公民权。保障非洲裔美国人的选举权的 1965 年《选举权法案》最终成了法律，并得到了执行；非洲裔美国人成了美国政治生活中的一支重要力量。我希望自己能够说，许许多多美洲原住民的悲惨状况已经得到了很大的改善，但是，人类非正义的这一苦难遗迹仍然挥之不去。

虽然必须承认存在持续的失败和持续的障碍，但是，如果断定在与造成不平等的强权的斗争中，平等的信念是毫无希望的衰弱的竞争者，就不能解释过去两个世纪在人类平等方面取得的巨大成就。

如何取得更大的政治平等？

面对如此多的障碍，该如何争取更大的平等——或者换个更好的表述，即如何减少不平等？虽然简要概括不能公平地解释在通向平等（我这里主要指的是政治平等）的变革过程中历史的多样性和复杂性，但是，总结其中最重要的要素，也许可发现这样的事实：

尽管享有特权的精英竭力推销那些观点，为他们高人一等的权力、地位提供合法性的辩护，对他们自己的权利的正当性确信不疑（想想联邦党人吧），许多下层群体的成员却质疑那些自命不凡的人分配给自己的卑微地位的正当性。詹姆斯·斯科特（James Scott）相当令人信服地表明，那些由于历史、社会结构和精英信念体系而居于从属地位的人，不像上层社会的成员所倾向于断定的那样，那么容易被主导的意识形态

第六章 为何不是更民主的宪法？

所欺骗。[9]鉴于从属群体的成员对精英阶层的意识形态采取的公开或隐蔽的抗拒态度，社会状况（无论是在观念、信念、世代、结构、资源还是其他什么方面）的变化开始给予从属群体表达自己不满的新机会。有了这些新机会，并受愤怒、怨恨、不公正感、更大的个人或团体机会的前景、团体的忠诚或别的动机驱使，一些从属群体的成员开始以任何可利用的手段制造改革的压力。一些主导群体的成员开始支持这些从属阶层的要求。握有特权的圈内人士也开始与圈外人士结盟。圈内人士这样做可能出于各种各样的原因：道德信念、同情心、机会主义、对混乱结果的恐惧，由于不断扩大的不满给财产或统治的合法性造成的危险，甚至还有真实的或想象的革命的可能。[10]

于是，一场地震般的转变发生了：选举权的扩大，基本权利的法律保障，来自仍处从属地位群体的领导者的政治竞争、竞选公职，法律和政策的变革，等等。美国于1957年、1960年、1965年分别通过《民权法案》（Civil Rights Acts），1965年通过的最为关键。这些法案得到强制执行。非洲裔美国人开始抓住机会参加选举——不久就拒绝那些以暴力手段强迫他们服从的警官，并取得其他成果。在印度，一些世袭的种姓阶层开始大量选出来自本阶级、承诺减少对他们歧视的领导人和政党。虽然追求平等的变革可能是，通常也是逐渐增长的，但假以时日，一系列的增量变革，也就相当于一场革命。

于是，尽管在人类平等上存在巨大、持久的障碍，但是，经过上述过程，一些国家已经获得了一定程度的政治平等和民主。

政治平等是合理的目标吗？

然而，即使能取得更大程度的政治平等和民主，这些目标真**值得追求**吗？这些目标究竟是不是如此地值得追求，以至民主国家的宪法（尤其是美国宪法）都应该服务于实现这些目标呢？

在我看来，政治平等和伴之而来的民主的可取性得自两个基本判断。一个是道德的，另一个是实践的。

道德的判断是说，一切人都有平等的内在价值；谁都不在价值上比别人内在地更优越；每个人的善和利益都应该得到同等考虑。[11]让我把这些称为**内在平等的假设**（assumption of intrinsic equality）。

然而，如果我们接受这一道德判断，就会立即出现一个深度困难的问题：谁或哪个团体最有资格决定一个人的善和利益究竟是什么？显然，答案千差万别，取决于情境、决策的种类和涉及的人。但是，如果把讨论的焦点限制于一个国家的政府，那在我看来，最安全和最谨慎的假设是这样的：成年人中，没有这样一个人比别人更有资格进行统治，以至应该委任他，让他拥有在国家政府中完全的、最后的决定权。[12]

也许有理由给这一谨慎的判断再加上精确的修辞和严格的限制，但我觉得很难为一个与此大相径庭的主张提供辩护，特别是当考虑到大量人被拒绝给予平等公民权的关键历史案例时，更是如此。今天，是否还有人真的相信，当工人阶级、妇女和少数民族被排除在政治参与之外时，拥有统治特权的人会充分考虑并保护他们的利益？

政治平等威胁自由吗？

像许多值得追求的目标一样，政治平等也许会与其他重要的目标和价值相冲突（可能确实导致伤害）。如果是这样，对政治平等的追求难道不应该受到对这些其他目标的正当追求的约束吗？

人们常常提起的是平等与自由和基本权利之间的冲突。和其他人一样，托克维尔似乎也相信这一点。

但是，在讨论他的言论前，我不得不补充一句：我很奇怪，人们常常宣称自由与平等之间存在所谓的冲突，却不提及在我看来对关于两者关系的任何理性讨论都绝对必要的要求。无论何时，当我们说到自由、权利时，难道不需要回答谁的自由、谁的权利吗？提到自由或权利，在我看来有必要超越对"什么样的自由或权利"的回答，对这个问题的回答只限定了自由的**范围**。但是，有必要回答"**谁的自由**"这个问题。[13]

带着这个问题，回到托克维尔的言论。如果我的理解不错，他的观点大致是这样的：一群人的身份平等有助于使民主成为可能，也许甚至不可避免。但是，正是使民主成为可能的身份平等，使自由处于危险中。请允许我复述托克维尔的话：

> 既然民主政府的真正本质是多数的绝对主权，在民主国家中，没有什么能够反抗它，则多数必然拥有压迫少数的权力。正如拥有绝对权力的人可能滥用权力一样，多数也会这样做。如果在公民中实现了身份平等，可以预期，民主国家将会产生一种全新的压迫方式。在公民中，所有人都是平等的、相似的，最高的权力、民主的政府围绕多数人的意志而行动，将会创造一个网络的社会，在那里，很少有复杂的规则，既无微不至，又整齐划一，没有谁能例外。最后，民主国家的公民将与一群胆小懦弱、勤劳的动物没什么区别，政府则是牧羊人。[14]

如果我对托克维尔的总结是公正的，那么，我们又应该如何按照后来的发展解释他的预言？毕竟，我们有他没有的优势，即现代民主政治体制两个世纪以来的发展经验。一些读者把托克维尔的上述言论解释为预言了大众社会的来临，另一些读者则认为，托克维尔预言的是大众民主将成为20世纪威权和极权制度的萌芽。但是，如果把这段话解释为托克维尔预言了民主国家未来的演变道路，那我一定要说，托克维尔大错特错。回顾过去两个世纪，尤其是刚刚过去的20世纪的民主发展历程，我们发现的是民主发展的模式与这样的预言正好相反。我们发现民主制度开始在某些国家越来越深地扎下了根，基本政治权利、自由和机会也是如此。随着一个国家民主政府日趋成熟，它让位给威权体制的可能性日趋于零。众所周知，民主政体会崩溃，变成独裁政体。然而，成熟的民主国家发生崩溃的例子却极罕见；崩溃一般发生在民主制度相对较新，又刚好遇上了大的危机和冲突的国家。每个国家的进程中都免不了出现危机。即使是成熟的民主国家也不得不面对战争、经济萧条、大范围的失业、恐怖主义和其他挑战。但是，它们一般不会崩溃并进而变为威权体制。

在 20 世纪，民主政体让位于非民主政体的情况大约有 70 次。然而，除了极少数例外情况，这些崩溃大多发生在民主制度刚建立起来（不足一代人）的国家。唯一一个民主制度在存在 20 年或更长时间后崩溃的国家是 1973 年的乌拉圭。同年，智利发生的崩溃则没那么明确，因为它在此前不久才取消对选举权的限制。德国的魏玛共和国在被纳粹取代前存在不足 14 年。所有这三个国家民主政治发生崩溃的路径都与托克维尔设想的情境无关。

就我们所知，这一情境也无法从老牌的、成熟的民主制度中得到证实。正如我在上一章中指出的，我们可以发现这些国家在保障基本权利方面存在的一些微小差异，但是它们维护这些权利的状况，都远超出了民主的底线要求。过去的半个世纪，公民的基本权利和自由变得更狭窄或更不安全了吗？我看不出对这一问题的肯定答案怎么能站得住脚。尽管我对托克维尔很钦佩，但在这个问题上，他像制宪者一样，没预料到民主政府的未来。

政治平等绝不是对基本权利和自由的威胁，而是需要权利和自由作为民主制度的稳定之锚。想知道为什么会这样，让我再次把民主至少看作一种为一个国家内出于政治目的、愿意彼此在**政治上**平等相待的公民设计的政治制度。公民们也许在其他方面并不是彼此平等相待，实际上，他们几乎肯定会这样，但是，如果他们认为所有公民拥有平等的参与权利，能够直接或间接地通过选举代表制定政策、规则、法律或其他希望（或要求）公民们遵从的决策，那么，从理论上讲，他们国家的政府就必须满足几个标准。

让我在此不加夸大地列举这些标准。为实现充分民主，国家必须提供：有效参与的**权利、自由和机会**，选举平等，充分理解政策及其结果的能力，以及公民全体保持对政府政策和决定的议程适当控制的手段。最后，按照我们现在对理想情况的理解，为达到**充分的**民主，国家必须确保其管辖范围内的所有（或无论如何也是大多数）成年永久居民拥有公民权。

第六章 为何不是更民主的宪法？

我们知道，刚刚描述的民主理想可能太苛刻，在人类社会的现实世界中很难实现。为了在现实世界并不完美的条件下尽可能地实现这一民主理想，也许需要某些治理国家的政治制度。而且，18世纪以来，这些制度还得能适应拥有较大领土的政府，比如国家。

这里，没必要描述现代民主国家的基本政治制度，但是，显然，正如理想的标准那样，在实践中，民主政府本身就预设了其公民拥有一系列的基本**权利、自由和机会**。其中包括在自由而公平的政府官员选举中投票的权利，竞选选任制职位的权利，自由表达的权利，组织和参加独立的政治组织的权利，获得独立的信息来源的权利，以及其他对于大规模民主政治制度的有效运作不可或缺的自由和机会的权利。

因此，无论作为一种理想，还是作为政治制度的现实安排，民主都必定是一个权利、自由与机会的体系。不只是出于定义的需要，而是为了在现实世界建立一套民主的政府体制。如果我们将这些政治权利、自由和机会视为在某种程度上是基本的，那么，无论理论上还是实践中，民主都不与自由冲突。相反，民主制度对于我们的一些最基本的权利和机会来说是必需的。如果这些政治制度（包括它们所体现出来的权利、自由和机会）在某个国家不存在，这个国家就此而言就不是民主国家。这些制度消失时（如在魏玛共和国、乌拉圭和智利那样），民主也就不复存在了；民主不存在时，正如在这些国家发生的，基本的权利、自由和机会也就消失了。类似地，民主在这些国家重新出现时，这些基本的权利、自由和机会也必然重新出现。无论从哪个意义上说，这种联系都不是偶然的，而是内在的。

政治平等与民主和基本权利、自由、机会间的联系，表现得更深。一个国家要维系其民主制度，渡过不可避免的危机，就需要一套规范、信念和习惯，在不论是好时机还是坏时机都对这一制度提供支持，即一种代代相传的民主文化。但是，民主文化的范围不可能很窄。因为民主文化将不只是支持民主制度需要的基本权利、自由和机会，我认为，共享一种民主文化的人民，还将不可避免地认可并支持更大范围的权利、自由和机会。最近几个世纪的历史确切证明，恰恰在民主国家，自由兴旺发达。

※ ※ ※

如果我们相信一切人生而平等,他们被赋予了生命、自由和追求幸福等不可剥夺的权利,为确保这些权利,在人民中间建立了政府,这个政府的正当权力来自被统治者的认同,我们就得支持政治平等这个目标。

政治平等需要民主的政治制度。

所谓的自由与政治平等间的冲突是虚构的。首先,因为实质性的基本权利、自由和机会是民主政治制度的内在组成部分;其次,因为致力于民主及其政治制度的人民,几乎肯定会把基本权利、自由和机会的范围扩展到远超过民主和政治平等需要的最低条件。

对致力于民主和政治平等的人来说,宪法应该通过维护促进公民间的政治平等和所有对政治平等与民主政府存在至关重要的必要的权利、自由和机会的政治制度,服务于这些目标。

【注释】

[1] Michael Schudson, *The Good Citizen*, *A History of American Civic Life* (Cambridge, Mass.: Harvard University Press, 1998), 202.

[2] Constitutional Knowledge Survey, National Constitutional Center, September, 1997, question 2.

[3] Callup Organization, 1999.

[4] 接下来的一段摘自我的 "The Future of Political Equality," in Keith Dowding, James Hughes, and Helen Margetts, eds., *Challenges to Democracy* (Hampshire, U.K.: Palgrave, 2001)。

[5] 有关没能为美国人提供平等公民权的全面记述,参见罗杰斯·M·史密斯(Rogers M. Smith)的杰作 *Civic Ideals*: *Conflicting Visions of Citizenship in U. S. History* (New Haven: Yale University Press, 1997)。

[6] 可能是因为背上沉重的债务,他才在逝世前释放了 5 名奴隶。Annette Gordon-Reed, *Thomas Jefferson and Sally Hemings*: *An American Controversy* (Charlottesville: University of Virginia Press, 1997), 38. 虽然不清楚他释放这 5 个奴隶的理由,但全部都同他的情妇萨莉·赫明斯(Sally Hemings)有关;其中两

第六章　为何不是更民主的宪法？

个可能是他和她生的儿子。虽然父子关系的问题未有定论,但戈登-里德(Gordon-Reed)提供了强有力的间接证据。见她的"Summary of the Evidence," see 210ff and see also Appendix B, "The Memoirs of Madison Hemings," 245ff。DNA 鉴定提供了附加的、间接的、虽然不是决定性的证据。参见 Dinitia Smith and Nicholas Wade, "DNA Test Finds Evidence of Jefferson Child by Slave," *New York Times*, November 1, 1998。

〔7〕New York: Schoeken Books, 1961, Henry Reeve, trans., vol. 1, p. lxxxi.

〔8〕我依下列文献做出这些评价,即 Adrian Karatnycky, "The 1999 Freedom House Survey: A Century of Progress," *Journal of Democracy* 11, no. 1 (January 2000): 187-200; Robert A. Dahl, *Democracy and Its Critics* (New Haven: Yale University Press, 1989): Table 17. 2, p. 240; and Tatu Vanhanen, *The Emergence of Democracy: A Comparative Study of 119 States, 1850-1879* (Helsinki: Finnish Academy of Sciences and Letters, 1984), Table 22, p. 120。

〔9〕作为一个例子,他写道:"印度不可接触者中存在一个令人信服的证据,使种姓控制合法化的印度教教义被否定、重新解释或无人问津。前定的种姓不大可能比婆罗门教(Brahmins)的教徒更相信因果报应的教义能够解释他们现在的状况,相反,他们将自己的地位归因于贫穷与不正义的最初的、神秘的行为。"*Domination and the Arts of Resistance* (New Haven: Yale University Press, 1990), 117.

〔10〕已故的约瑟夫·汉堡(Joseph Hamburger)指出,出于进一步扩大选举权(并最终通过 1832 年改革法令)的目的,詹姆斯·密尔(James Mill)虽然反对使用暴力手段,但还是故意在寡头政治集团的成员中制造对革命的恐惧。"既然密尔想以非暴力方式实现根本改革,就有必要发明一些手段,让寡头集团因自身利益同意让步……有两种选择:〔人民〕只能通过反抗,通过对统治者实施强制力在政府获得相当可观的改善,或者至少通过要采取这类行动的威胁,有可能让统治者因恐惧而顺从。"既然要避免采用强制力,密尔就寄希望于第二种选择……密尔提出,革命正产生威胁。他认为,这种威胁已经足够,没有必要将革命付诸实施。*James Mill and the Art of Revolution* (New Haven: Yale University Press, 1963), 23-24.

〔11〕在 *Democracy and Its Critics*, 84ff 中,我做了详尽的阐释。在书中及其他一些地方,我引证了 Stanley I. Benn. "Egalitarianism and the Equal Consideration of Interests," in J. R. Pennock and J. W. Chapman, *Equality* (*Nomos IX*) (New York: Atherton, 1967), 61-78。

[12] 这一假设在我的 *Democracy and Its Critics*，105ff 中有较充分的阐释，并在我的 *On Democracy* (New Haven：Yale University Press，1998)，74ff 中以简要的方式复述。

[13] 参见 Amartya Sen 在 *Inequality Reexamined* (Cambridge，Mass.：Harvard University Press，1992) 一书中的精彩分析，他写道："自由至上论者（Libertarianism）一定认为，人民拥有自由是很重要的。可这样一来，马上浮现谁的自由、多少自由、如何分配自由、自由有多平等等问题。因此，一旦肯定了自由的重要性，平等问题马上随之而来。"(22 页)

[14] 这是与他的意思相近的陈述，见其著作 1：298，304，and 2：380-381。

第七章　思考更民主宪法的前景

1987年的一次调查显示，美国人整体上强烈支持现行宪法，然而，其中一个问题的结果却很突出。当回答者被问及"［依宪法而建的政府体系］在平等对待所有人上表现如何？"时，51％的人回答说表现很糟；8％的人没表达意见；仅有41％的少数人认为它做得好。[1]

若想拥有平等对待所有人（至少是在民主制度下公民这一角色上）的较好的政府体制，该做什么呢？正像我在第一章开头所指出的，我的这些文章的目的不是为改革宪法提供一套特别的建议，而是鼓励改变**思考**宪法的方式。那么，能对宪法改革做怎样的现实思考呢？对21世纪初的制宪者来说，实际上存在怎样的可能性？在可能性范围上，他们又将面临哪些限制？

宪法的有限作用

首先，未来的宪政改革家会明智地认识到，无论宪法在字面上如何规定，它只能达到有限的目标。例如，正如我在第五章中所指出的，宪法不能保障在不具备民主条件的国家实现民主。维护并改善有利于民主的条件将比任何宪法改革都更有助于实现更民主的秩序。

1787年的制宪者对自己局限的认识足够清醒。他们制定的宪法的一个显著特点就是令人赞叹的简洁。依打印的样式而异，正文部分不过15~20页，外加5~7页的修正案。成文宪法如此简洁，是因为它几乎完全集中于三个问题：**机构、权力和权利**。

宪法的绝大部分是在阐明前两个问题：机构和分配给这些机构的权力。对第三个问题即权利的规定，主要见于《权利法案》及后来的宪法修正案。这些宪政权利的重要特征是，它们几乎全由对政府的宪法**限制**获得保障。宪法隐含的假设是，公民为自己的权利行动时会以某种方式拥有必要的机会和资源。我稍后还会再探讨这一假设。

宪 政 机 构

就机构来说两句。现实地讲，我倾向于相信我们的宪政体制中有三个也可能是四个机构性的要素在可预见的未来无法改变。

联邦制。一个要素是联邦制度。正如制宪者知道他们不能取消各州一样，今天的宪政改革者们也许应当假定，各州仍将作为被赋予重要权力的联邦政府的基本单位予以保留（依我判断，也应该保留）。在联邦政府和各州间如何分享权力将持续作为有争议的话题，两个世纪以来一直如此。但我不相信，今天的制宪者能够或应该试图取消已经存在的州。

总统制。我认为，宪政改革的第二个限制是总统制度。我们也许能以修正案或通过实践上的变化，围绕其边缘做点改革，但是我觉得，作为替代的议会体制，对多数美国人而言根本没有吸引力。我们深浸于总统职位的神话色彩中，除非宪法崩溃（我既预见不到，也肯定不愿意看到），否则就不会认真地考虑改变它。无论好坏，我们美国人都无法摆脱总统制。

代表权的不平等。我觉得宪政的改革者不能改变的另一个特征，就是源自每州无论人口多少参议员名额均为两名这一固定分配的、代表权

第七章 思考更民主宪法的前景

在总体上的不平等。让我再次指出宪法第一条第三款的内容以作为提醒:"各州选出两名参议员组成合众国之参议院,参议员任期六年,各有一票表决权。"改变这一条款的宪法修正案面临着两个巨大障碍。第一个障碍使任何改变参议院组成的宪法修正案都极难通过。第二个障碍则使修正案根本不可能通过。第一,人们能回想起来,依据宪法第五条,只有两院各得**三分之二**赞成票或是有**三分之二**州的议会支持召开的大会才能提出修正案,并且在**四分之三**州的议会或国民大会批准后才能通过。我不禁想到,至少有 13 个人口较少的州会行使其否决权,阻止任何减少它们在参议院影响力的修正案的通过。这样的修正案极不可能通过,然而,即便越过障碍通过了,也会遇到第二个完全无法逾越的障碍。宪法第五条的结论是:"任何一州,没有它的同意,不得被剥夺它在参议院中的平等投票权。"(No State, without its Consent, shall be deprived of its equal Suffrage in the Senate.)

实际上,这 15 个英文单词终结了修改宪法以减少参议院中公民代表权不平等的所有可能性。看来我们注定要在上院的代表权上无限期地承受比任何其他成熟的民主国家都严重的不平等。

如果我在这三个固定不变的要素(联邦制、总统制和参议院的不平等代表权)问题上是正确的,那么,它们似乎又会给今天的制宪者可能取得的成就施加其他的限制。

选举人团制度。比如,关于改革选举人团制度,我们能做什么呢?我在第四章中表明,参议院中代表权的不平等在选举人团制度中被复制了,尽管相对弱些。但它也减小了修改宪法,使大众直选代替选举人团的机会。结果就是我提到过的,解决选举人团制度不平等代表权的三个可能方案的相对合意性,与它们被制定的可能性成反比。

共识的?多数主义的?或两者都不是? 对以共识制替代多数制,我已经表达了某种同情。我在前面提出,美国既不是共识制的,也不是多数主义的。它混合了两者,也许恰恰具备了两者的缺陷,却摒弃了两者的优点。

我们的政治领袖花费大量时间避免使我们的体制陷入彻底的僵局,使其(或多或少)能正常运转,证明了他们非凡的政治技巧,这往往被媒体和普通公民大大低估。我还曾指出，必要的不择手段、难免的幕后妥协以及公开言辞与内部人（insiders）互相让步间的不可避免的反差，导致了不透明的、与公共美德的一般观念相悖的政治体制，它削弱了公民对我们政治体制的理解和信心。

如果不改革总统制，不改变参议院中严重的不平等代表权，就很难提出本来能够也应当认真考虑的宪法的其他可能。尤其是，我完全没有把握说，我们能重新设计现存的混合体制，以促进其实现更大的共识或更强的多数主义。

147 若无合适的政治文化，上述两条路就都走不通。依共识原则设计的制度如果不是深深地植根于培育共识的政治文化中，就会蕴含严重的危险。缺乏恰当的政治文化，旨在建立共识制度的宪政设计会使少数人否决任何威胁其特权的改变现状的方案，就像内战前南部州做的那样。又或者是拥有地方特权的少数威胁行使否决权，强迫多数人让步，就像内战后南部各州强迫其他州放弃保护非洲裔美国人公民权的努力那样。

我倾向于相信，我们的政治文化和瑞典、瑞士或荷兰等国的不同，它将阻止设计共识制度以实现其潜在的优势。

对严格多数制的担忧是，它也许不能使多数派领袖在行使作为多数派的权力前，为他们寻求更大范围的共识提供足够的激励。这里，我不再提出前面已经讨论过的有关自由与政治平等的关系问题。即使多数派领袖对少数派的民主权利保持着最充分的尊敬，他们也可能看不出有什么理由需要探讨这样一些选择方案，即取得比借助多数选票通过法律或政策需要的更大范围的共识和支持。

148 在我看来，理想的解决方案会是这样一种政治体制，它给政治领袖提供强烈的激励力，让他们在通过多数选票采纳法律或政策、（如果需要的话）允许做出决策之前，寻求最广泛的、切实可行的共识——当然，这总是在保障基本民主权利的需要所设定的界限之内。任何一个多数派都不应当拥有阻止未来的多数派做出决定的权利，无论是道义上的还是宪法上的权利。

这里让我再度担心的是，只要参议院中严重的不平等代表权允许某些

第七章 思考更民主宪法的前景

地区性的少数派否决由本国多数公民选出的代表所做出的决定，这一理想的解决方案也许就不再向我们敞开大门。正是因为这少数人的否决，对共识的寻求就可能轻易地变成（尖刻一点说）少数参议员的敲诈和勒索。

虽然对多数原则的这一障碍不大可能发生变化，但是，参议院中进一步融合了那些享有特权的少数人权力的规则，更有责任加以改变，在我来看，它们的确也应当改变。例如，假如不是少数几个美国参议员有能力以在其他议题上提供支持为条件，逼迫国会和总统推行他们偏爱的政策，那我们在古巴问题上徒劳无益、适得其反的政策是否能持续这么长时间，就很难说了。

因此，我们得出这样一个不幸的结论：1787年的制宪者看来是束缚住了今天的制宪者，使他们被限制在一个既不是共识的也不是多数主义的制度中，这是一种混合制，它具有两者的缺陷，却不具备两者的优点。

隐性代价和不确定性。将一种根深蒂固的政治文化转化成一种适合新的、不同的宪政结构的（比如或是更加共识制的，或是更加多数主义的）文化，其任务之艰难还表现在另外一个问题上。重要的宪法改变涉及高昂的隐性代价和很大的不确定性。隐性代价的产生是因为需要移风易俗，放弃存在于政治精英中和深藏于大众文化内的人们所熟悉的习惯、实践、信念和理解。与1787年的制宪者面对的情形类似，创造一种恰当的政治文化，大大超出了今天宪法改革者们的能力范围。即使我们对改革宪政体制可能产生的结果的了解远远胜过当年的制宪者，在两个世纪不同的民主制度的经验积累之后，要预测重大改革的后果，仍然充满了相当大的不确定性。

权　　力

今天，各州、联邦政府和联邦政府的三个主要部门拥有的宪法权力，是否适应民主的要求和价值？回答这个让人望而生畏的问题超出了我这里要探讨的范围，我只是呼吁大家注意它的相关性和重要性。

权　利

150　　像权力一样，有关权利的论题是如此宽泛，以至于我只能粗略地勾画出一种观点，我觉得这种观点有助于在一个民主国家的宪法语境下对基本权利进行评价。

　　法理学中的标准观点认为，权利意味着责任：为了使权利得以有效行使，政府官员和其他人必须承担起保障权利，防止他人侵犯的责任。一个不太普遍但能推导出来的假定是，权利也意味着机会：如果实际上没有**机会**投票，你的选举**权**就毫无意义。表达自由也是如此。如果没有任何机会自由地发表言论，言论自由对你来说有什么意义呢？

　　现在，我想为我们的讨论加上第四个要素。在权利、义务和机会外，加上**资源**。[2]例如，设想一下，官员们把投票点设置得远离许多公民的家，而且只在上午一个时段开放一小时，那么大多数公民就缺乏投票必需的机会和资源。他们就会被激怒，换了你和我也一样。

　　为了进一步澄清我所指的资源是什么，请你和我一道思考一个虚构的情境。

　　假设我们都是新英格兰某个镇上的居民，该镇有召开市镇会议的传
151　统。一般来说，有资格参加会议的居民占有适当的比例，并且实际上都已到会，我们假设有四五百人。

　　在宣读会议纪律后，大会主席宣布：

　　　　我们已经为今晚的讨论设立了如下规则：当提出一项动议并得到附议后，为了保证今晚每个在场的人都按照公平的规则自由发言，你们当中每一个想发言的人都允许就动议发表意见。然而，为了使尽可能多的人发言，每个人的发言都不能超过两分钟。

　　你也许会说，这样做极为公平。但是，我们的主席继续讲道：

　　　　在每一个想做两分钟发言的人发言完毕后，你们当中的每个人

都可以自由地继续发言，但是有个条件，额外的每一分钟都将拍卖给出价最高的人。

参加会议的公民由此引发的骚乱，也许会把主席和委员会成员赶出市政会议——或许是赶出小镇。

最高法院对著名的巴克利诉瓦莱奥（Buckley v. Valeo）一案的判决事实上不就是这种情况吗？《联邦竞选法》（Federal Election Campaign Act）对联邦公职的候选人及其支持者用于竞选的费用进行了限制，但最高法院却以7∶1的投票结果通过决议认为，《联邦竞选法》的限制使第一修正案保障的言论自由遭到侵犯，是不能容许的。[3]那好，看看令人震惊的后果吧。

错在哪里呢？法官们未能把选举的费用和赠款放到民主体制的背景当中看待，而民主体制正是从我前面描述过的政治平等原则中得出其合法性的。为了行使在民主秩序中被赋予的基本权利（选举、言论、出版、抗议、集会、结社及其他），公民必须同时拥有最低限度的**资源**，以便能充分地利用机会行使自己的权利。

使资源与民主权利相称的问题决无简单的答案。这一问题也不是只通过宪法的规定就可解决。然而可以肯定，如果一个国家的最高法院能把宪法解释成在其公民间实现令人满意的政治平等的道路上设置的不可逾越的障碍，那么，这个宪法肯定有极大的缺陷。

最高法院的民主角色

在前几章，我已经暗示了一个问题，我们最好的法律学者和宪法学者就此进行了长时间的争论，但仍然没有解决。在美国宪法圈里，它有时以"反多数主义的困境"为名出现。

我将以下述方式来提出这一难题。我们不能在将制定法律和政策的权力全部交给由选举产生的官员——他们至少在原则上以选举的方式对公民负有责任——的同时又在实际上给予司法机关制定重要公共政策的权力。这一困境使我们面临艰难的选择。许多美国人将会望而却步。但是，如果我们想用民主的标准来评价这一问题，如果我们曾想进行一场关于宪法适当性的讨论，那么，这一迄今为止还主要在法律学者中讨论的问题，就必定要开放以供公众辩论和探讨。

我相信，在民主国家，最高法院有个重要的职责，即审查立法和行政机关制定的法律是否合宪。首先，联邦制需要一个高等法院，它有权决定各州的权力是否和什么时候超出了其适当的界限。如果联邦法律和行政命令严重地冲击了民主政治制度所必需的任意一项基本权利——自由表达观点、集会、选举、组成并参与政治组织的权利等等，那么，最高法院也应该有权推翻这些法律和行政命令。[4]

当最高法院在基本民主权利的范围内活动时，其行为的合法性及其在政府民主体制中的位置几乎无法撼动。但是，它越是超出这一范围（其本身就是领域广大），其权威的合法性就越值得怀疑。因为那样它就变成了一个非选举产生的立法机关。在解释宪法的幌子下（甚至更可疑的是将制宪者模糊的、常常是不可知的意图神圣化），最高法院制定重要的法律和政策，而这本是选举产生的官员们的职责。

即使是在基本民主权利的范围内，法院的判决也会引起争议。而且，由于我们对民主权利的理解肯定会进一步发展，争议还有可能发生。

大的变化可能吗？

通过思考，我对美国宪法进一步民主化的前景抱有谨慎的悲观态度。本章描述的变化从民主的角度看很诱人，但在我看来，在不确定的将来发生变化的机会微乎其微。虽然我关于可能性的判断不可避免地带有主观性，但我还是相信，多数熟悉美国政治生活的其他人都会同意我的估计。

减少**参议院中极端不平等的代表权**的可能性几乎为零。改变我们的宪政体制，使它**要么更明确地实行共识制，要么更确定地实行多数主义**

第七章　思考更民主宪法的前景

原则，这样的机会也相当低。使最高法院约束自己，不再立法决定常常是高度党派性的公共政策，而将其司法审查的权力严格地集中于保护基本民主权利和解决联邦主义的问题上，其可能性也很低。美国总统集最高行政长官与君主于一身的状况，也不大可能改变。最后，在选举人团问题上发生民主变化的可能性似乎与其可取性成反比，越是可取的改革方案，实现的可能性就越低。而至少还有一定程度的可能性的是，某些州也许会要求其选举人团的票数能够与其选民人数比例相当。但是，州选举人的数量与其人口成比例的宪法修正案获得通过的机会很小。参议院中的不平等代表权也使得全民直选总统的宪法修正案在事实上不能被采纳。

毫无疑问，那些将宪法视为神圣标志的人，看到这个结论时会很惬意：我的悲观之点正好是他们的乐观之处。

然而，美国人追求民主和政治平等的历史（尽管是断断续续的）冲动并未终结。我们因此面临着挑战。既然有我描述的这些现存的局限性，我们怎样才能在民主程序、权利、自由、机会和资源等方面取得更大成就呢？

让我提出两个一般性的战略。

第一，现在是鼓励并大大拓宽对宪法及其缺点进行关键性考察的时候了，我们已经错过了很长时间。对作为国家标识的宪法进行深入的公开讨论，实际上从未开展过。即使的确进行过深度分析（主要是在法学院、政治学和历史学系的宪政学者中间进行），也很少是以民主标准或通过与其他发达民主国家的宪政体制相比较，从整体上检视我们的宪法。

能预想到的可能性是（这里出现了一定程度的乐观），逐渐扩大对宪法的讨论，先从学术圈开始，再扩大到媒体和一般知识分子，几年后让更广大的公众加入。我无法说结果会怎样，但是这种讨论肯定会提升人们对一个民主国家宪法的民主理念意义的理解。尤其是，从民主的视角和改革的可能性出发，这将提升人们对现行宪法缺点的理解。

然而，我们同时还需要第二个战略，以便在现行美国宪法的范围内实现更大程度的**政治**平等。该战略的一个主要目标是减少现有**政治资源**分配上的巨大不平等。我在本书中描述的宪法特征自然会成为这一战略成功的障碍，因为这些特征以强大的防护力量（否决变革的机会）武装了那些拥有较大政治资源的人，用以对付所有试图降低其特权地位的努力。

不能预知这两个战略会取得多大的成功。但是，大多数美国人相信，一个民主政府尽管有瑕疵，但最终还是比任何其他可行的替代方案做得都好，这一信念是被不能被牢固限制的人与人平等的基本原则证明了的。因此，我们对这些原则的意义的理解将继续无限制地演变。这些原则对于我们美国人自由地选择生活于其下的民主政治体制及其宪法的意义，也将继续演变。

【注释】

[1] CBS 新闻——《纽约时报》，对 1 254 名成年人的电话调查，1987 年 5 月，第 53 个问题。

[2] 又可参见 Amartya Sen, *Inequality Reexamined*, 36-37 *and passim*; Ronald Dworkin, "What Is Equality? Part 2: Equality of Resources," *Philosophy and Public Affairs* 10 (1981)。

[3] *Buckley v. Valeo*, 424 U. S. 1 (1976).

[4] 与我的简短评论一致，但更深入的讨论，参见 John Hart Ely, *Democracy and Distrust: A Theory of Judicial Review* (Cambridge, Mass.: Harvard University Press, 1980)。

第八章　进一步思考：改变不成文宪法

由于宪法一些最不民主的特征已经被事实上不可更改的条文确定在文献中，所以我在前一章的结尾部分，对宪法发生重要改变的前景表达了一种"谨慎的悲观"。

也许我太悲观了。使我们的**成文**宪法变得更民主的改革在政治上也许是不切实际的，但是，我们能较容易地实现**不成文**宪法上的改变。

成文与不成文的美国宪法

我知道，在正规的或成文的宪法与非正规的或不成文的宪法之间做出区分，也许会让我的一些美国读者感到困惑。他们不像几个世纪以来一直生活在不成文宪法中的英国人，人们找不到可以称为英国宪法的单独文件。[1]美国人也许难以理解这样一种情况，即我们已经习惯于某些传统的政治实践、制度和程序，我们倾向于把它理所当然地视为美国政府体制不可或缺的组成部分，即使成文宪法对此并无规定。

当然，成文宪法能被修正，也一直在这样做。除了有理由视为宪法原始文件组成部分的头十条修正案外，从1798年到1992年，美国人17

次修改了宪法。然而，在这个国家的大部分历史中——内战前的 70 年和 1876 年重建结束后的 90 年，这些修正案中只有三条对地理上的少数人（geographical minorities）产生了强烈的冲击，使他们几乎肯定会在参议院中脱离轨道。内战后的十年为通过第 13、14 和 15 条修正案提供了短短的机会——这些修正案其实是胜利的北方州强迫战败的南方州接受的。其余的 14 条修正案，没有一条是在动员了小州中普遍反对的利益群体后通过的。

参议院中平等的代表权＝公民不平等的代表权

在我的讲座公开后，2000 年人口普查结果显示，对宪法修正案的否决权集中于越来越少的地理上的少数人之手。

我们回忆一下，宪法修正案必须取得参议院三分之二的赞成票。因此，只要有三分之一州的各两名参议员，再加上一张其他州参议员的反对票，就可以让一项修正案提案流产。现有的参议院由来自 50 个州的各两名参议员组成，34 张参议院的选票就足以阻止宪法修正案的通过。如果一项修正案真的在参议院中获得了足够的支持票数，它还必须获得四分之三州的立法机关（或者是很少用的国民大会）的批准；因此，只要有四分之一外加一个州，就是 13 个州的反对，修正案就会被否决。

根据 2000 年人口普查结果，我们很容易算出否决一项修正案的主体条件：

> 来自 17 个最小州的 34 名参议员，代表的总人口为 20 495 878 人，占全国总人口的 7.28%。

如果修正案在参议院奇迹般地获得通过，它还可能被以下主体否决：

> 最小 13 个州的立法机关，代表的总人口为 10 904 865 人，占全国总人口的 3.87%。

美国人口中地理上的少数人拥有的权力不仅存在于其否决修正案的

第八章 进一步思考：改变不成文宪法

宪法能力上。从理论上讲，一项法律在参议院获得通过，至少需要以下主体的同意：

26 个州的 51 名参议员，代表的总人口为 50 025 674 人，占全国总人口的 17.92%。

正如我早些时候指出的，麦迪逊及其同事在 1787 年强烈反对参议院中的平等代表权，当时，他们自己所在的弗吉尼亚州是所有殖民地各州中最大的一个，其人口已经比最小的特拉华州多 12 倍。设想一下，如果他们能预见到 2000 年时的巨大差距，最大的加利福尼亚州几乎比最小的怀俄明州多 70 倍，他们会多沮丧！如果麦迪逊今天仍健在，我毫不怀疑他会支持通过宪法修正案以取消选举人团制度，最起码也会通过一个修正案减轻内部各成员之间的不平等程度。但是，他立即会发现，任何一个这样的修正案都不大可能战胜很少的地理上的少数人，他们会借助参议院和州的立法机关行使否决权来阻碍宪法改革。

真的重要吗？

怀疑论者也许会不无道理地发问，这套不平等的规则真的那么重要吗？首先，不平等的规则肯定侵犯了基本原则，在我看来，这些基本原则是民主政府的根基，有了它们，民主政府才有合法性，才能尽管存在种种缺陷，仍比所有可以实施的非民主体制都优越。这些原则归纳如下：

- 公民间**政治平等**的原则。
- 需有这样一种道义判断：应该把每一个人的善看作与他人的善内在地平等，因而，政府在做决定时必须给予每个人的善和利益平等的考虑。
- 一种从强有力的、曾被排除在完全公民身份外的人群

（例如妇女、工人阶级、穷人、没有足够财产的人、非洲裔美国人、美洲印第安人等）所受待遇的历史证据中得出的审慎判断。我相信，除极特殊的情况下可能出现相反的例证，从这些大量证据能得出的唯一合理的结论是，每个受法律保护、遵守法律的成年人，都应该被认为有充分的资格，作为政治平等的主体参与民主治理的过程（Dahl，1998：62-76；Dahl，1989，83-97）。[2]

你也许还会问，这些准则是否导致公共政策上的任何实际结果。答案是肯定的。

在美国历史上，还没广泛研究过参议院中各州平等代表权会对立法的通过产生什么样的影响，但是，一部名如其文的著作《评估参议院：平等代表权的不平等后果》（*Sizing Up the Senate: The Unequal Consequence of Equal Representation*，Lee and Oppenheimer，1999）提供了对这一宪法条文的比较近期效果的绝妙分析。

从这里我们得知，一个碰巧居住在人口稀少州的美国人，比碰巧住在大州的任何一个居民至少自动取得了三种政治上的优势[3]：

● 第一，正如我已经强调的，决定参议院组成时，小州居民的选票比大州居民的选票起的作用大。

● 第二，因为人口较少州的公民更容易接近他们的参议员，这种由宪法决定的政治不平等进一步扩大了。

● 第三，因为来自小州的参议员有更多时间从事参议院内的活动，甚至包括领导工作，这种政治不平等被更进一步地扩大了。

就联邦的财政支出看，这一结果让人吃惊。正是因为控制着其他一些相关的因素，居住于小州的公民明显是赢家。例如，怀俄明州年度享受的联邦财政支出大约人均209美元，相比之下，加利福尼亚州却只有132美元（Lee and Oppenheimer，173-176）。居住在怀俄明州的公民有权比居住在加利福尼亚州同等环境下的公民获得多到近一倍的联邦资金吗？作为其理由的普遍原则是什么呢？

第八章 进一步思考：改变不成文宪法

超级多数：有原则还是无原则

当法律或宪法体制上的某项改变需要大于简单多数（也就是超级多数）的批准时，少数人就有权否决某项改革的提案，这看起来与民主政府的基本原则即多数原则相冲突。在民主政体中，是否应该总是坚持多数原则？超级多数（supermajorities）的正当性从来就不能从基本民主原则中得到证明吗？

这些问题太深、太难，无法给出简单的答案。对民主体制中多数规则和超级多数规则的恰当地位问题，在民主理论家、哲学家和其他人中引起了广泛讨论。对这一复杂的争论做出负责任的回答将远超出这里的篇幅限制，我准备把讨论限制在五个命题中，我觉得，这些命题对我们这些相信民主政治并希望维护和推进民主的人展开任何富有成果的对话都是必要的假设，我认为我的大多数读者是这样的人。这些命题是：

1. 超级多数（也就是少数人否决权）要求的正当性，必须从本身是**外在自明的正当的原则**那里得到证明。因此，这里的问题还是：怎样的合理原则能证明公民在参议院中的不平等代表权是正当的？我认为，任何一个为这种不平等代表形式做辩护的人都有责任提出并捍卫能为如此极端侵犯美国公民政治平等的做法提出可接受理由的一般原则。

2. 从民主角度出发拒绝这种少数派否决的特殊形式，并不因此暗示多数派有资格为所欲为地做想做的任何事情。任何多数在道义上都无权侵犯对民主政治自身的存续和运作至关重要的权利、自由和机会，比如言论自由，自由、公平和合理频度的选举，结社自由，等等。正如我此前指出的那样，用民主的原则和程序证明多数人侵犯这些原则和程序本身的行为是正当的，在逻辑上自相矛盾。说多数人有能力破坏民主，并不等于说多数人在道义上有权损害民主。

3. 能以两种方式保护地理上的少数人的利益。通过立法和司法的手段加强《权利法案》和后来的宪法修正案提供的当前保障，使地理上的少数派成员作为民主体制下的公民所拥有的基本权利能得到保护。此外，现有宪法包含的条款和联邦原则，也可以保护在主要关系到地方利益事务上的民主决策权。

4. 尽管多数派有能力损害民主，但他们这样做的可能性常常被夸大了很多。还没看到哪个国家发生过这样的情况，即所有实质性的民主制度都正常运转了一代或更多时间后，多数人通过民主程序做出决定，用非民主的政权取代民主体制。虽然魏玛共和国1933年的垮台有时被人作为一个例子，但是，纳粹党从没在自由、公正的选举中获得过多数选票。[4] 而且无论如何，魏玛共和国到垮台只存在不到15年。

5. 虽然司法体制并不能阻止意志坚定的多数（也许还有意志坚定的少数）破坏民主，但我觉得，前面头两条建议意味着，一个民主的宪法可以适当地授权独立的法院对明显有害于基本民主制度的法律和政策行使否决权。

虽然许多美国人不了解这一事实，在美国成文宪法中也没有哪一条款明确规定这样的司法否决权，但是，最高法院推翻在它看来违反宪法的法律和政策的权力，已经成为自1803年最高法院首次宣布这一权力以来，我们的不成文宪法中被人广为接受的部分。

这就提出了一个持久存在的问题。由于成文宪法常常很少提供清晰的指导，而且在许多问题上，"制宪者的意图"难以捉摸，不得而知，或模棱两可，所以最高法院常常利用自身权力推行其实是反映最高法院多数成员的政治观念的政策（Dahl, 1958；Rosenberg, 2001；Sandler and Schoenbrod, 2003）。

然而，对改革不成文宪法的这一部分，我不抱多大希望。自1803年开始，最高法院就是一个非选举的政策制定主体，我预期它将以这种角色继续存在。

第八章 进一步思考：改变不成文宪法

改革不成文宪法

如果说修正成文宪法、取消其非民主特性的前景渺茫，给不成文宪法的某些方面（比如最高法院制定政策的角色）民主化的机会则似乎好点。如何才能改革不成文宪法，使它更民主呢？

能够改变（依我看是应该改变）的成文宪法的一个方面是选举制度（见前文 55～61 页①）。虽然选举改革并不是我们愿意考虑的唯一民主改革，甚至也不是最重要的改革，但是，它却为我们提供了各种可能性的极佳例子，我认为应当对此进行严肃的公众讨论和考虑。幸运的是，最近的几部著作为更广泛的讨论提供了极好的基础（Thompson，2002；Hill，2002；Amy，2003）。

因此，我准备这样做结论，即简要概括我们现存选举制度的不足，并总结更民主的可行替代方案。

"赢者通吃"

正如我曾指出的，也许"赢者通吃"的选举规则最明显的结果是一个政党的候选人赢得选票的百分比与该党在立法机关赢得席位的百分比之间不对称——往往是极端的不对称。

"赢者通吃"规则的辩护者常常将这种不对称看成优点：通过加强取胜的政党在立法机关中的力量，"赢者通吃"规则使多数派的政府能更有效地执行其政策。"赢者通吃"的选举制度可能更适合满足以下两个条件的选举：选民在某一政策（如经济政策）上意见分歧较大，他们的态度相当程度上沿着单一的维度变化，比如按我们说的左、中、右划

---

① 此处页码指英文原书页码，见本书边码。以下同。——译者注

分，而且大多数选民的观点靠近中间立场。如果这是一种稳定的状况，那么，"赢者通吃"的选举就可能产生竞争的两党体制，在那里，几乎所有选民都会支持所宣扬的政策与自己观点最接近的政党。在这一高度理想化情况下，选举中获胜的政党可能比选举失利的政党更能充分地表达公民多数的观点，而且，它的过分代表性（overrepresentation）将确保它能采纳多数选民支持的政策。

但这种抽象的情形极为罕见。今天，政府以如此多的不同方式（税收、教育、环境、社会保障、对外政策、军事政策、健康、就业、堕胎、人权、住宅、交通、移民，还有其他更多方面）来影响其公民，以使选民的观点并不会恰好沿着一个维度展开。在这种情况下，"赢者通吃"的选举制度就可能由于诸多原因搞得怨声载道：

- 一个候选人可能在没有得到多数票的情况下赢得公职。从理论上说，在"三方竞选"中，候选人只要得到34%的选票就能赢得公职；在"四方竞选"中，只需要26%的选票；以此类推。虽然这些极端的结果不大可能出现，但是，没得多数选票就赢得公职的情况司空见惯。

- 如果获胜者赢得不足50%的选票，那么，得票第二的候选人有可能是选民中多数人中意的。因此，如果把选民的第二选择集中起来考虑，那么，排在头两位候选人中的失败者可能成为胜者，某些情况下还会以实质性的差距获胜。

- 在选民意向被认为是集中于某一候选人的州或选区，其他所有候选人支持者的投票积极性会大大降低。如果事先知道自己的投票对结果不会产生任何影响，为什么还要投票呢？

- 认为两个主要政党都不会代表自己的公民，也许会完全放弃政治和选举。在极端情况下，他们甚至可能逐渐地疏离民主政体本身。

- 正如我在前文指出的那样（见107~108页），与比例代表制的选举规则相比，"赢者通吃"规则的重要特征是产生了大量明确的失败者。在"赢者通吃"规则下，理论上讲，会有高达接近一半的选民是输家。在比例制中，"失败者"仍能在统治中赢得一定的份额，当他们支持的政党代表参加到联合政府中，他们的观点在此仍能得到重视。在任何情况下，他们都能合理地感到自己的选票在决定结果时得到了公正的权衡。

结果，在比例代表制中，"失败者"更容易满意于国家民主体制的运作方式（见108页）。

为政党利益改划选区

如果利用选区来选出立法机关的代表（美国人即以此来选举众议院议员和大多数州立法会及市议会议员），那就会强烈地诱惑人们为本党利益而改划选区。设计选区的划界，以有利于某些候选人而不利于其他候选人，这是美国人的老把戏〔"改变选区"这一概念可以追溯到1811年，当时马萨诸塞州的州长埃尔布里奇·格里（Elbridge Gerry）签署了一项重划选区的法令，创造了一个选区，其形状极像一个蛇状的焰火，报纸的编辑立即宣布那不是蝾螈（salamander），而是为本党利益改划的选区（Gerrymander）〕。重划选区的结果是让一名候选人在新选区里取得压倒性胜利，因为在划新选区时就精心考虑了把支持者选民包括在内，将不支持者排除在外。

这一拙劣的行为产生了政治上的动态变化：

● 当选的政治家自然就有强大的动力来为有利于他们自己或政党而重新划分选区。

● 要这样做，自然就要同反对党当选的政治家做交易，从而保证这种选区划分对两党的候选人来说都安全。

● 为了保持对重划选区过程的控制，当选的政治家会竭力保证他们自己（而不是一个独立的委员会）获得重新划定选区的权力。在2002年，只有6个州是通过独立的委员会完成这一任务的。所有其他的州，州的立法机关都有最终的发言权，要么是直接决定（36个州是如此），要么是作为最后的权威起作用（8个州是如此）

(Thompson，173，242)。

● 因此，每十年举行一次人口普查后，绝大多数州的立法机关在开始决定各州选区划分时，政党之间就会进入新一轮不怎么体面的备战状态，其间充满了浓烈的火药味，政党间争吵不休、讨价还价，包括互相吹捧——正如2000年人口普查后人们观察到的那样。

● 结果是制造了有把握的席位，减少了潜在的竞争性选区。2000年人口普查后的政党重划选区，使得2002年选举中，众议院只有35~40个席位有竞争性。[5] 为政党利益重划选区便利于所有其他的议席（大约十分之九）都被这个或那个政党划归为安全选区。

结果，连我们的众议院也不总是具有很强的代表性。

"赢者通吃"的替代方案

正如我前面指出的，除了两个例外（即英国和加拿大），所有其他成熟的民主国家都采用别的方案取代了"赢者通吃"制度。因为替代方案太多，以至不能一一列举，我将简要地提及少数几种我们美国人应该比较熟悉的可能性。[6]

如果候选人都未得到超过50%的选票，一场**复选**（或者**第二轮**）投票就会在选票最多的两个候选人中展开。这一体制在法国用于选举议会和总统。其主要的不便是额外增加了时间、精力和金钱；在美国，考虑到我们在筹措竞选经费方面的尖锐问题，这会尤其让人头疼。

然而，通过**优先排序投票**（有时称为**排序复选制**），可以弥补这一缺陷。虽然优先排序投票有许多变种，但它的基本特征是允许或是要求选民根据其偏好顺序排列候选人。这个制度的鼓吹者这样描述："如果在最初的选举中没有候选人得到超过50%的选票，最少选票的候选人就会被排除，而他的选票就转到同一张选票中作为第二选择的候选人身上。这一排除和转票的过程一直进行到某候选人得到超过50%的选票为止"(Thompson，71)。

第八章 进一步思考：改变不成文宪法

澳大利亚自1901年、爱尔兰自1922年就开始实行了按类似思路设计的选举制度。

另一个替代方案是**比例代表制**（PR），这种选举制度确保投给某政党的选票比例与该党在议会中的席位所占比例存在紧密的联系。在22个发达的民主国家中，比例制要比其他选举制度都更常用。

比例代表制加单一选区制

许多采用比例代表制的国家，投票者没有机会选举代表自己选区的候选人。大多数美国人将此视为缺陷。

然而，**比例代表制可以与单一选区制结合**。讲讲有可能在美国运作的方案。为了便于说明，假设众议院有600个席位，而不是现在的435个。这些席位的一半由300个国会选区的选举结果决定，其中的每个席位都通过现在实行的"赢者通吃"的选举获得。然而，投票人还要投下第二张选票，在全国范围由投票人在所偏好的**政党提名**的候选人**名单**中选择。这些席位将这样分配，使每个政党众议院的席位比例接近它在选举中得票的比例。这样，如果一个政党在全国议员选举中赢得了40%的选票，而在选区选举中只赢得全部议员席位的20%，那么，就从全国范围的候选人名单上抽出足够的候选人担任众议员，最终结果就是使该党在众议院中所占席位的百分比与其在全国选票中的百分比一致。也就是说，如果一个政党获得了40%的全国选票，就有希望赢得众议院40%的席位。

因为这种制度将选区选举的优点与比例原则的公平结合在一起，一些观察者认为它对两者都是最佳的。德国自从联邦共和体制于1949年建立以来即采用这种制度，新西兰则于1993年以此取代了"赢者通吃"制度。在意大利，尽管许多人对这一选举制度不满，并提出了大量批评和改革的建议，但它还是被用于国会两院的选举。

几点警示，几分希望

为了避免期望过高，让我加上几句警示的话。首先，正像大量（也许是大多数）的政治选择一样，我能做出的最佳判断是，没有哪个选举体制是完美无缺的。其次，正像其他政治制度一样，在某一国家运作良好的选举体制，也许在另一个国家就不尽如人意。第三，因此，选举制度应该设计得适合具体国家的状况——我们在这里思考的是美国的情况。[7]

我还要加上几句希望的话。

近一个世纪前，杰出的最高法院法官路易斯·布兰代斯（Louis Brandeis）认为，各州为可能的改革提供了容易接近的实验场。实际上一些最重要的宪法修正案——取消奴隶制、直接选举参议员、妇女的普选权，首先都是在州这一级得到了认可，这些州由此而帮助在全国范围内建立起最终占压倒性优势的强大的选民群体。各种可能性也可以在市政一级进行试验。

正如我前面说过的，"赢者通吃"的选举制度只是我们需要对付的非民主遗产之一。我们的不成文宪法的其他非民主属性，也有待进行改革。

大多数美国人也许会同意，对民主体制不可或缺的基本**权利**应该公平地在我们的同胞中间进行分配。但是，正如我在前一章所指出的，民主的原则还要求公平地分配实践这些权利的**机会**和必需的**政治资源**，如果公民们能够利用这些机会的话。然而，我们几乎才刚刚开始探讨那些减少公民在政治资源方面巨大差异的办法，而这些资源是公民们更有效地参与竞选、选举和影响政策制定所需要的。例如，尽管近期已经有了经过艰难努力取得的变革，但是，竞选中筹措资金的方式与基本的民主要求仍然相差很远。

※ ※ ※

与美国人中间广泛流行的信念相反，我们对世界伟大而又不朽的贡献不是我们的宪法，这部宪法很少被模仿，而且，在它诞生以后的下一

第八章　进一步思考：改变不成文宪法

个世纪里，那些民主取得成功并持久存在的国家，大多没有把它当作一种楷模来接受。与此相比，美国人的另外两个贡献要大得多。

贡献之一是，美国人的经验表明，在相对自由和独立的民众当中，一部规定民主共和的政治结构的**成文宪法**能够设计出来、得到批准、偶尔被修正，而且在政治领袖和普通公民中间得到充分的尊重，并且无限期地存在下去。尽管美国宪法的独特属性，使其未能被别的国家引为楷模，这些国家成功地寻找到自己朝向稳定民主的道路，但是，美国还是向整个世界提供了一个活生生的证据，让大家看到一部成文宪法能够帮助创立并维护代议制民主所需要的持久机制。

另一个更大的贡献，在我看来是像托克维尔这样的外国旅行者观察到并向欧洲和其他地方报告的东西：在一个巨大的、成长中的、多样化的、进步的和繁荣的国家，民主和政治平等的观念与理想能够如此深刻地影响其政治生活、信念、文化和制度，在此之前，从某种程度上说，这一直被认为远远超出凡人所能及的范围。

177

【注释】

[1] 在也许是这方面最有名的著作中，沃尔特·巴杰特（Walter Bagehot）令人信服地描述了"英国宪法"的主要特征，却没提到，这些特征并没有由一个单一的、成文的宪法性文件规定。参见 *The English Constitution*（1867）。

[2] 本书末尾的"阅读参考书"中列出了以这种方法引用的文献。

[3] 这三个命题的证据参见第 3～7 章，44～222 页。

[4] 在 1932 年 7 月举行的最后一次自由选举中，纳粹党只赢得了 37% 的选票，到 1932 年 12 月变得更少，只有 33%（Dolf Sternberger and Bernhard Vogel, *Die Wahl Der Parlamenta*（Berlin：Walter De Gruyter，1969），vol.1，table A 11：358）。

[5] "大多数立法机关选举缺乏任何有意义的竞争。由于选区被严格地按政党的利益进行了重新划分，只有 4 个美国众议院的在职者在与非在职的竞争者竞争时失手。平均每场众议院选举都以超过 40% 的差额获胜；超过五分之四的美国众议院竞选赢得了超过 20% 差额的压倒性胜利；或者，每 10 场竞争中就有 9 场赢得超过 10% 的富余票。1998 年到 2002 年的州立法机关选举中，每 5 个获胜者中就有 2

个只需面对非主要政党的竞争者,包括今年获胜者中 37% 的人。"(www.fairvote.org/e-news/20021114.htm)

[6] 更详尽的细节请参见 Reynolds and Reilly,1997;Hill,2002;Thompson,2002;and Amy,2002。还可见 www.fairvote.org。

[7] 宪法学家已经指出了改革的方式,即如果现已占选举人团大多数选票的 11 个最大的州,都通过法律的制定要求它们在选举人团中的代表投票选举大众选举中获得多数票的候选人,就能在不通过宪法修正案的情况下改变选举人团制度中"赢者通吃"规则的非民主结果(Amar and Amar,2001;Bennett,2002)。将这种方法与优先排序投票或是排序复选制结合,就可以保证大众选举的多数票必能选出总统(Amar and Amar,2002)。

附录 A 论"民主"与"共和"的概念

制宪者打算创造共和政体而不是民主政体的观点可能源于麦迪逊在《联邦党人文集》第 10 篇的评论。虽然他在该文和其他地方还把"大众政府"（popular government）当作一种普遍的表述，但是，他进一步区分了两种政体："纯粹的民主政体，我是指人们自己组织并管理政府的人数不多的社会"和"共和政体，我是指采用代议制的政府"。"民主政体和共和政体的两大区别是：第一，共和政体的代表是由公民选举出来的少数公民；第二，共和政体能管辖的公民人数较多，国土范围也较大。"[1]

后来的政治学家和其他人，把麦迪逊这种普遍的区分表述为"直接民主"和"代议制民主"的区分。制宪者跟我们一样清楚：要组建的国家包括了已有的 13 个州，将来还会更多，国家这么大，不可能像新英格兰的市镇会议或发明了"民主"这个概念的两千年前的古希腊那样，由"人民"直接开会制定法律。因此，对制宪者来说，十分明显，在这样一个大国，共和政府得是个**代议制**的政府，国家的法律由民众直接或间接选出的代表组成的代议制的立法机关制定。

麦迪逊可能也受到长期以来的理论和实践上更倾向于贵族统治、有限选举权、重视财产权和恐惧民众的"共和主义"传统的影响，不太看好更依赖民众意愿、有广泛基础的大众政府。

同样真实的是，在18世纪，"民主"和"共和"两个概念在日常用语和哲学术语上可以互换使用。[2]事实上，麦迪逊清楚认识到定义"共和"一词的难度。在《联邦党人文集》第39篇，他提出了这样一个问题："那么，共和政体的突出特征是什么？"他在作答时指出，"共和"一词范围广、含义多。"要想找到这一问题的答案……无论求助于政治著作家的使用，还是借助不同国家的宪法，都不能得到满意的结果。在荷兰，最高权力并不来自人民，它却被普遍认为是共和国。在威尼斯，一小撮世袭贵族以最专制的方式行使对大多数人民的绝对权力，它也得到同样的称号。"

鉴于这种歧义，麦迪逊提出，"我们可以将共和定义为……这样一种政府，其一切权力都直接或间接地从广大人民那里获得，负责管理这个政府的人员是在自己情愿、有限的时期内或是行为良好时才担任官职"[3]。麦迪逊在将"共和"定义为一个"**直接或间接地从广大人民那里获得**"权力的政府时，似乎与《联邦党人文集》第10篇里所做的区分相矛盾。可以看到，他给出定义的努力，进一步说明当时人们对这两个概念的理解普遍混乱。

如果需要进一步证明术语的含糊性，可以提到其作品为麦迪逊和同时代人熟知的一位名作家。在《论法的精神》（*The Spirit of the Laws*，1748）一书中，孟德斯鸠区别了三种类型的政府：共和制、君主制和专制政体。共和政府有两种："在共和国中，人民作为整体握有最高权力时，就是**民主政治**。当最高权力只是由人民的一部分来掌握时，就是**贵族政治**。"[4]但是，孟德斯鸠也认为，"共和国的性质内在地要求领土应该狭小，否则很难生存"[5]。

从亚里士多德到孟德斯鸠，政治哲学家都没在政体分类中给**代议制**民主留一席之地。它只是种未知的或有待演变的政体类型。但是，1787年11月，费城制宪会议休会后仅两个月，詹姆斯·威尔逊就已经更新了这一古老的分类：

附录A 论"民主"与"共和"的概念

"政府的三种类型……是君主制、贵族制和民主制。君主制中,最高权力赋予一人;贵族制中……统治的主体不是依照代议制的原则,而是经由出身、自己人的推选或是某些身份的或地域的资格确定统治地位;最后,在民主政体中,**权力内在地属于人民,由人民自己或其代表来行使**〔黑体为后加〕……我们面前的宪法是如何描述的?先生,从原则上说,它纯粹是民主的:不过形式有所变化,以便接纳所有的优点,摒弃所有的缺点,这些缺点是人们所共知的、既定的政府构成方式的副产品。但是,当我们广泛地、准确地看待透过这个伟大而无所不包的计划表现出来的权力源流时……我们将能够追溯到一个伟大而高贵的源头,即**人民**(THE PEOPLE)。"[6] 数月后,在弗吉尼亚批准大会上,约翰·马歇尔(John Marshall),这位未来的最高法院首席大法官宣称:"宪法提供了'一个规定完好的民主制度',在此制度下,没有哪个国王或总统能破坏代议制政府。"[7]

制宪者尽管对他们希望的共和政体要多民主存在意见分歧[8],但出于某些明显的原因,对建立代议制政府的必要性却意见一致。然而,正如后来表明的,他们不能完全决定在詹姆斯·麦迪逊和其他人的领导下,代议制政府能变得多民主。

【注释】

[1] *The Federalist* (New York: Modern Library, n. d.), 59.

[2] Willi Paul Adams, *The First American Constitutions: Republican Ideology and the Making of State Constitutions in the Revolutionary Era* (Chapel Hill: Universify of North Carolina Press, 1980), 106ff.

[3] "The Federalist No. 39," in *The Federalist*, op. cit., 242ff.

[4] Montesquieu, *De l'Esprit des Lois*, Tome I (Paris: Editions Garnier Frères, 1961), Bk 2, Ch. 2, p. 12.

[5] Ibid., Bk. 8, Ch. 16, p. 131. 人们可能认为,之所以得出这一结论,原因在于在一个大的领土内组织人民有困难。但是,与麦迪逊后来在《联邦党人文集》第10篇中宗派主义的危险可能由于政治单位规模的增加而减小的论点直接对立,孟德斯鸠主张,在一个大的共和国,福利可能会受到损害。"在小的共和国里,公

共的福利较明显，容易为人们所理解，并且与每个公民的关系较密切。"

［6］Bernard Bailyn, ed., *Debate on the Constitution*, 2 vols. (New York: Library of America, 1992), 1: 803-804.

［7］James F. Simon, *What Kind of Nation? Thomas Jefferson, John Marshall, and the Epic Struggle to Create a United States* (New York: Simon and Schuster, 2002), 25.

［8］更详尽的探讨，参见我的 *Pluralist Democracy in the United States* (Chicago: Rand McNally, 1967), 34ff。

附录B　表格与图示

表1　　　　　至少自1950年以来稳定的民主国家

1. 奥地利（Austria）
2. 澳大利亚（Australia）
3. 比利时（Belgium）
4. 加拿大（Canada）
5. 哥斯达黎加（Costa Rica）
6. 丹麦（Denmark）
7. 芬兰（Finland）
8. 法国（France）
9. 德国（Germany）
10. 冰岛（Iceland）
11. 爱尔兰（Ireland）
12. 以色列（Israel）
13. 意大利（Italy）
14. 日本（Japan）
15. 卢森堡（Luxembourg）
16. 荷兰（Netherlands）
17. 新西兰（New Zealand）
18. 挪威（Norway）
19. 瑞典（Sweden）

20. 瑞士（Switzerland）
21. 英国（United Kingdom）
22. 美国（United States）

附注：上述国家可以归入以下几类：**欧洲国家**：奥地利、比利时、丹麦、芬兰、法国、德国、冰岛、爱尔兰、意大利、卢森堡、荷兰、挪威、瑞典、瑞士、英国（共 15 国）。**英语国家**：澳大利亚、新西兰、英国、美国（共 4 国）。**拉美国家**：哥斯达黎加。**其他**：以色列、日本。尽管印度于 1947 年赢得独立，采用民主的宪法，而且，面对贫穷和多样性的特殊挑战，除了一次中断外，基本上保持了民主制度，我还是没有把它包括在内，主要有两方面理由：第一，1975 年至 1977 年间，印度民主的连续性被中断，当时的总理英迪拉·甘地发动了一次政变，宣布国家进入紧急状态，取消公民权，并将成千上万的反对派关进监狱。第二，印度是世界上最贫穷的国家之一，将它与那些富裕的民主国家相比没多大意义。

187 表 2　　　美国宪政体制与其他 21 个老牌民主国家的比较

美国体制的特征	其他 21 国中在这方面类似的国家	
	数量	国家
联邦主义特征		
1. 强大的联邦制	6	奥地利、澳大利亚、加拿大、德国、瑞士、比利时
2. 强大的两院制立法机关	3	全是联邦制国家：澳大利亚、德国、瑞士
3. 上院明显不平等的代表权	4	全是联邦制国家：澳大利亚、加拿大、德国、瑞士
非联邦主义特征		
4. 对全国立法的强势司法审查	2	加拿大、德国
5. 选举体制：单一选区简单多数制	2	英国、加拿大
6. 强大的两党制：第三党弱小[1]	3	澳大利亚[2]、新西兰[3]、哥斯达黎加
7. 总统制：拥有重要宪法权力的单个民选行政长官		无

1. 到 1997 年以新的比例代表制实行选举时，两个主要的政党仅得到 61% 的选票，其余的选票几乎完全分散给三个小党。
2. 在澳大利亚，投向第三党候选人的所有选票一般都占全部选票的 10% 以下。
3. 截至 2000 年，"自由全国联盟"（Liberal National coalition），即早期的"自由—国家党"（Liberal-Country）被算作一个政党。

188 表 3　　　　　　　　发达民主国家的选举体制

比例代表制：候选人名单制	比例制：变体	单一选区相对多数制（FPTP）	变体
1. 奥地利	1. 澳大利亚（AV）	1. 加拿大	法国（两轮）
2. 比利时	2. 德国（MMP）	2. 英国	

附录 B　表格与图示

续前表

比例代表制：候选人名单制	比例制：变体	单一选区相对多数制（FPTP）	变体
3. 哥斯达黎加	3. 爱尔兰（STV）	3. 美国	
4. 丹麦	4. 意大利（MMP）		
5. 芬兰	5. 日本（半比例制）		
6. 冰岛	6. 新西兰（MMP）		
7. 以色列			
8. 卢森堡			
9. 荷兰			
10. 挪威			
11. 瑞典			
12. 瑞士			

说明：AV＝选择性投票法（Alternative Vote）；MMP＝复数成员比例代表制（Multimember Proportional）；STV＝单记可让渡投票法（Single Transferable Vote）。

资料来源：Andrew Reynolds and Ben Reilly, *The International IDEA Handbook of Electoral System Design* (1997)。

表 4　　　　比例制与多数制：20 个民主国家分类

主要是比例制	混合式	主要是多数制
奥地利	爱尔兰	澳大利亚
比利时	日本	加拿大
丹麦	**西班牙**	法国
芬兰	美国	**希腊**
德国		新西兰（到 1993 年）
荷兰		英国
新西兰（1993 年以来）		
挪威		
瑞典		
瑞士		

说明：本表与表 1 略有出入。本表包括了西班牙和希腊，这两个国家都是自 1950 年以来实现民主化的，此外，本表未包括哥斯达黎加、冰岛、以色列以及卢森堡。

资料来源：Powell, *Elections as Instruments of Democracy* (2000), p.41。为了表明新西兰自 1993 年就已经采用比例制，我对表格做了一些改动。

表 5　　美国在民主国家中的表现

变量	美国的排位	国家数量	表现优于美国的国家所占比例[1]
美国居于最好的三分之一			
1980—1995 年的经济增长	第 5 位（并列）	18	24
美国居于中间的三分之一			
1993—1995 年妇女在内阁中的代表	第 8 位	22	33
1945—1996 年大众对行政部门的支持[2]	第 10 位	22	43
1970—1995 年财政赤字	第 8 位（并列）	16	47
1971—1995 年失业率[3]	第 8 位（并列）	18	59
1976—1982 年家庭政策	第 12 位	18	65
1970—1995 年通货膨胀（CPI）	第 12 位	18	65
美国居于最差的三分之一			
1971—1995 年妇女在议会中的代表	第 18 位（并列）	22	81
1981—1993 年**富贫比率**	第 4 位	18	82
1990—1994 年能源利用率	第 19 位	22	86
1980 年福利国家指标	第 17 位	18	94
1992 年社会支出	第 17 位	18	94
1971—1996 年投票率	第 21 位	22	95
1992—1995 年入狱率	第 1 位	18	100
1992—1995 年对外援助	第 19 位	19	100

　　1. 这一比例是那些比美国表现好，而不是并列的国家所占的比例。排位越高，表现就越差的变量已经用黑体字标出。
　　2. "投票给组阁的政党或政党联盟的选民所占的平均比例；在总统制中，投票给赢得总统职位的候选人的选民比例，根据每一内阁或总统执政的时间进行了调整。" Lijphart 1999, p. 290。
　　3. 非标准化的。
　　资料来源：感谢阿伦德·利普哈特允许我使用他在 *Patterns of Democracy* （New Haven: Yale University Press, 1999）一书中的数据。作者在书中对数据的来源做了说明。珍妮弗·史密斯（Jennifer smith）制作了表格，在此一并致谢。

附录 B 表格与图示

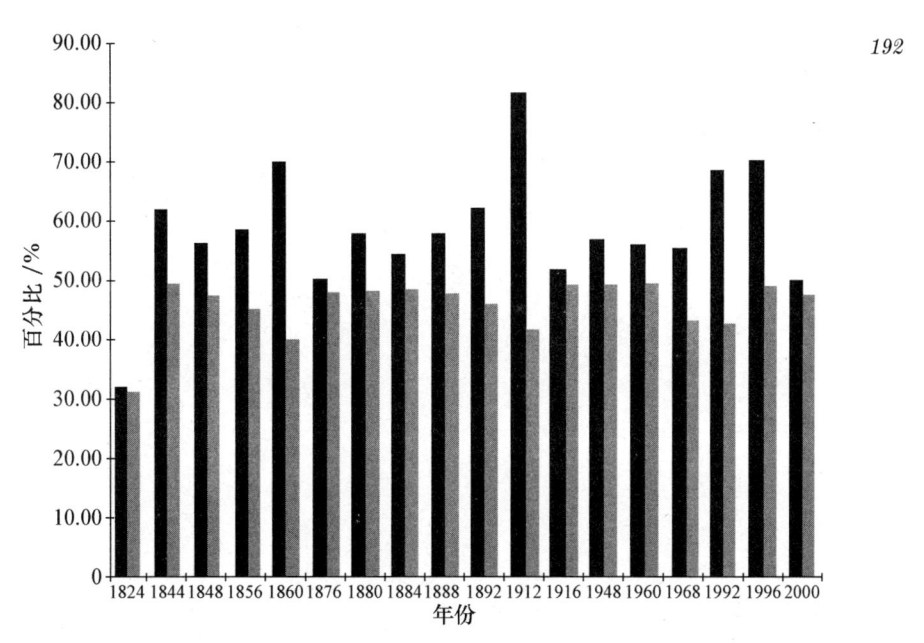

图 1 获得不到 50% 大众选票的总统选举

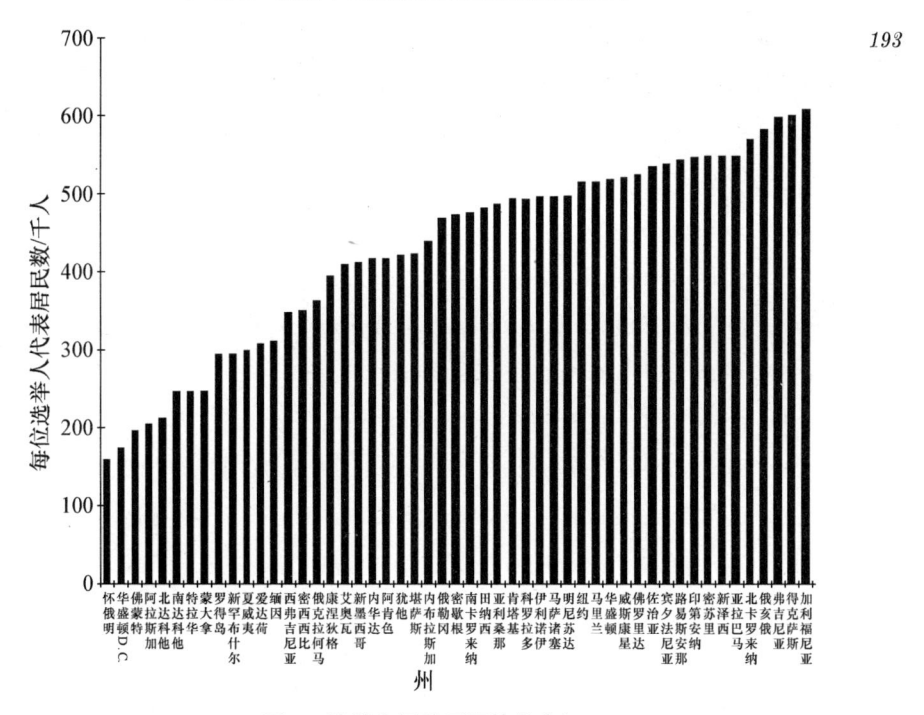

图 2 选举人团的不平等代表权

阅读参考书

Amar, Akhil Reed, and Amar, Vikram David. "The 2000 Election and the Electoral College." *FindLaw's Legal Commentary*, part 1, Nov. 30, 2001; part 2, Dec. 14, 2001; part 3, Dec. 28, 2001.

——. "The Fatal Flaw in France's—and America's—Voting System, and How an 'Instant Runoff' System Might Remedy It." *FindLaw's Legal Commentary*, May 3, 2002.

Amy, Douglas J. *Real Choices/New Voices: How Proportional Representation Elections Could Revitalize American Democracy*. 2d ed. New York: Columbia University Press, 2002.

Bennett, Robert W. "Popular Election of the President Without a Constitutional Amendment." *The Green Bag*, no. 3 (Spring 2001): 241–246.

——. "State Coordination in Popular Election of the President Without a Constitutional Amendment." *The Green Bag*, no. 2 (Winter 2002), 141–149.

Dahl, Robert A. "Decision-Making in a Democracy: The Supreme Court as a National Policy-Maker." *Journal of Public Law* 6, no. 2 (1958),

279—295. Reprinted in *Emory Law Journal* 50(Spring 2000),563—582.

Hill, Steven. *Fixing Elections: The Failure of America's Winner Take All Politics*. New York: Routledge, 2002.

Lazare, Daniel. *The Frozen Republic: How the Constitution Is Paralyzing Democracy*. New York: Harcourt Brace, 1996.

Lee, Frances I., and Bruce I. Oppenheimer. *Sizing Up the Senate: The Unequal Consequences of Equal Representation*. Chicago: University of Chicago Press, 1999.

Reynolds, Andrew, and Ben Reilly. *The International IDEA Handbook of Electoral System Design*. Stockholm: International Institute for Democracy and Electoral Assistance, 1997.

Rosenberg, Gerald N. *The Hollow Hope: Can Courts Bring About Social Change?* Chicago: University of Chicago Press, 1991.

Sandler, Ross, and David Schoenbrod. *Democracy by Decree: What Happens When Courts Run Government?* New Haven: Yale University Press, 2002.

Shugart, Mathew Soberg, and Martin P. Wattenberg. *Mixed Member Electoral Systems: The Best of Both Worlds?* Oxford: Oxford University Press, 2001.

Thompson, Dennis F. *Just Elections: Creating a Fair Electoral Process in the United States*. Chicago: University of Chicago Press, 2002.

Website:
www.fairvote.org

索　引

Absolute majority，绝对多数，56

Adams，John，约翰·亚当斯，4-5，78

Adams，John Quincy，约翰·昆西·亚当斯，69

Advanced democratic countries，发达民主国家，41-72，91-119，186-191

African Americans，非洲裔美国人。亦见奴隶制（Slavery）；选举权（Suffrage）

 basic human rights，基本人权，53

 civil rights，公民权，125，147

 discrimination，歧视，28

 voting rights，投票权，16，28，128，130

Alien and Sedition Acts，《外侨法》和《惩治叛乱法》，26

Amendments，修正案，32-34，155，160-161。亦见选举人团（Electoral college）；特别修正案（Specific amendment）

American Indians，美洲印第安人，163

American Revolution，美国革命，95

Anti-slavery measures，反奴隶制措施，53

Argentina，阿根廷，49，50

Aristocracy，贵族政体，11-12

Article Ⅰ，Section 3，第一条第三款（美国宪法），144

索引

Article Ⅱ，第二条（美国宪法），65
Article Ⅴ，第五条（美国宪法），144-145
Assumption of intrinsic equality，内在平等的假设，131-132
Australia，澳大利亚，46，98，173
Austria，奥地利，50

Belgium，比利时，44-45，98
Bicameralism，两院制，45-46
Bill of Rights，《权利法案》，27，30，32，51，143，166
Brandeis, Louis，路易斯·布兰代斯，175
Brazil，巴西，49，50
Britain，英国
    bicameralism，两院制，45-46
    civil liberties in，公民自由，98
    constitution of，宪法，65
    constitutional system，宪政体制，12，70-71，172
    "first-past-the-post" system，领先者当选制，58
    franchise，公民权，127-128
    majoritarian system，多数制，108-109
    parliamentary system，议会制，70-71
    third party in，第三党，103
Buckley v. Valeo，巴克利诉瓦莱奥，151-152
Bundesrat，联邦参议院，105
Burke, Edmund，埃德蒙·伯克，47
Burr, Aaron，阿伦·伯尔，31，78

California，加利福尼亚，49-50，81，162，164
Campaign finance，选举经费，173
Campaign speeches，竞选演说，112
Canada，加拿大，58，116，172
Castes, reduction of discrimination against，种姓，消除等级歧视，130
Census (2000)，2000年人口普查，160-161，172

Chief executives, 行政长官, 62-72。亦见国家元首（Head of state）; 总统（President）; 总统制（Presidential systems）

Chile, 智利, 135, 137

Civil Rights Act of 1964,《1964 年民权法案》, 128, 130

Civil Rights Acts,《民权法案》, 130

Civil War, 内战, 95, 160

Cleveland, Grover, 格罗弗·克利夫兰, 69

Committee on Detail, 细节委员会, 66, 74

Compromises, 妥协, 12-13

Confederal system, 邦联制, 12

Congressional power, 国会权力, 19-20

    judicial review of actions, 行为的司法审查, 54-55

Connecticut, 康涅狄格, 27

Connecticut Compromise, 康涅狄格妥协, 18, 48

Consensual systems, 共识制, 103-109, 117-118, 146-149, 154

Constitution, 宪法。亦见《人权法案》（Bill of Rights）; 宪政体制（Constitutional systems）; 政治平等（Political equality）; 特别修正案（Specific amendment）

    advanced democratic countries, 发达民主国家, 41-72, 91-119, 176-177, 186-191

    amendments, 宪法修正案, 26-28, 166, 175-176

    brevity, 宪法的简约性, 142

    commitment to self-government and, 自治政府的承诺与宪法, 20

    compromises and, 妥协与宪法, 12-13

    consensual, majoritarian, or neither, 共识的、多数主义的, 或两者都不是, 146-149, 154

    democratic changes to, 宪法的民主变化, 26-31

    emergent democratic beliefs, 内生的民主信仰, 20-26

    favorable conditions, 有利条件, 94-96, 142

    federalism, 联邦主义, 143

    fundamental questions and, 基本问题与宪法, 1-6

    future democratic trends, 未来的民主潮流, 141-157

    hidden cost and uncertainties of change, 变革的潜在代价与不确定性, 149

索引

historical developments and，历史发展与宪法，9-10

inequality of representation in Senate，参议院中的不平等代表权，144-145，154

judicial review，司法审查，54-55

limited role of，宪法的有限作用，142-143

as model，作为模范的宪法，41-72

models for，宪法的模式，9

as national icon，作为国家标识的宪法，121-123，155

political practices and institutions，政治实践与制度，29-31

possibility of significant change，宪法显著变化的可能性，154-157

practical limitations，实践的局限，9-10

presidential system，总统制，143-144

protections in，宪法保护，51

public discussion of，关于宪法的公共讨论，155-156

rights，宪法权利，142-143，150-152

shortcomings of，宪法的缺陷，15-20

states and，州与宪法，12

structures，宪法的结构，143-149

Supreme Court's role，最高法院的角色，152-155

survey results，调查的结果，108-109，141

undemocratic elements in，宪法中的非民主因素，15-20，38-39，159，168

utility and legitimacy of，宪法的效用与合法性，39

written and unwritten，成文宪法与不成文宪法，159-160

Constitutional Convention，制宪会议，1-8

delegates，制宪会议的代表，1-2，4-5，24

Founding Fathers and，开国元勋与制宪会议，4-5

preparation for，制宪会议的准备，4-5

voting coalitions，投票联盟，15

Constitutional systems，宪政体制。亦见宪法（Constitution）

accountability，问责，101-102，115

advanced democratic nations，发达民主国家，41-72，91-119，186-191

British，英国宪政体制，12，70-71，159-160

consensual systems，共识体制，103-109，117-118

defined，宪政体制的定义，41

democratic effectiveness，民主的效率，116-119，190-191

democratic fairness，民主的公平，99-103

diversity and，多样性与宪政体制，116

divided government，分治的政府，110-111

electoral arrangements，选举安排，99-103

electoral systems，选举制度，35-36，55-61，188

encouraging consensus，促进共识，103-109

evaluating performance，绩效评估，91-119

favorable conditions，有利条件，94-96，99，142

federal or unitary，联邦制还是单一制，43-45

historical development，历史发展，10

hybrid systems，混合体制，59，62，110-115，117-119，146-149，189

maintaining democratic stability，维系民主的稳定，93-97

majoritarian systems，多数制，100-103，117-118，189

mixed system，混合制，62-63

Netherlands，荷兰，104-105，106，107，108-109

parliamentary system，议会制，63，65

party systems，政党制，61-62

performance of，宪政体制的绩效，91-119

powers in，宪政体制中的权力，149

presidential system，总统制，62-72，96，111-115，143-144

proportional vs. majoritarian，比例制与多数主义，189

proportionality，比例原则，100-109

protecting fundamental rights，保障基本权利，97-99

relative affluence and，相对富裕与宪政体制，116

size and，规模与宪政体制，116

state authority，国家权威，51

Sweden，瑞典，106-107

Switzerland，瑞士，105-106

Constitutionality of laws，法律的合宪性，18-19

Continental Congress，大陆会议，124

索引

Costa Rica,哥斯达黎加,43,62,98,116

Cuba,古巴,148

Declaration of Independence,《独立宣言》,4-5,21,22-23,123,124-125

Declaration of Rights, Virginia,弗吉尼亚人权宣言,27,32

Delaware,特拉华,162

Delegates,代表,1-2,4-5,24

Democracies,民主国家,民主政体,12。亦见宪法(Constitution);宪政体制(Constitutional system)

    advanced democratic countries,发达民主国家,41-72,81-119,186-191

    federal system,联邦体制,12

    judicial review,司法审查,55

    oldest,老牌民主国家,41

Democracy,民主

    alienation from,民主的疏离,170

    breakdown of,民主的崩溃,95-96,134-135

    citizen survey of satisfaction,公民满意度调查,108-109

    creation of,民主的创制,6

    destruction of,民主的毁坏,166-167

    meaning of,民主的意义,1

    ordinary citizens and,普通公民与民主,25

    rights, liberties, and opportunities,权利、自由与机会,136-138

    super-majorities and,超级多数与民主,165

    unequal representation and,不平等代表权与民主,162

    unfolding of ideas and institutions,思想和制度的展开,10

    versus republic,民主与共和,181-184

Democratic Party,民主党,24,111

Democratic-Republican Party,民主共和党,24,33

Democratic republics,民主共和,5-6,10,22-26,177

Democratization,民主化

    result of,民主化的结果,10

Denmark,丹麦,45,71,116

Direct popular election，直接大众选举
　　of president，总统的直接选举，86-88，155
　　of senators，参议员的直接选举，28
Discrimination，歧视，28。亦见非洲裔美国人（African Americans）
　　Civil Rights Acts，《民权法案》，128，130
　　in India，印度的歧视，130
Duverger's Law，迪韦尔热法则，61

Elections，选举。亦见选举人团（Electoral college）；总统选举（Presidential elections）
　　direct election of president，总统的直接选举，86-88
　　destruction of democracy and，民主的毁坏与选举，166
　　direct popular，直接大众选举，86-88，155
　　of 1800，1800年选举，37，68，77-78
　　of 1876，1876年选举，79-80
　　electoral arrangements，选举安排，99-103
　　Framer's design for，制宪者对选举的设计，16-17，73-89
　　of senators，参议员的选举，28
　　run off，决胜选举，173
　　winner-take-all，赢者通吃，168-171
Electoral college，选举人团，73-89，162
　　altering or abolishing，改革或废除选举人团，83-88，201
　　changes in，选举人团的改革，86-89，145-146，155
　　choosing electors，选择参议员，82-83，86-87，155
　　constitutional amendment，宪法修正案，86-88，155
　　creation of，选举人团的产生，73-76
　　democratic changes in，选举人团的民主变化，155
　　direct election of president，直接选举总统，86-88，155
　　district system，选区制，82，87
　　election of 1800，1800年选举，31，68，77-78
　　election of 1876，1876年选举，79-80
　　election of 2000，2000年选举，31，68，73，79-81

entitlement to extra protection，特殊保护的权利，84—85

failure of，选举人团制度的失败，77—79

framers' design，制宪者的设计，16

future of，选举人团的未来，86—89

improbable outcome，不可能的结果，30—31

inherent defects，内在缺陷，79—82

lacking majority of popular votes，缺乏大众多数赞成票，80

losing though preferred by majority，多数人支持者败选，81

majority of popular votes，大众选举的多数，80

need for extra protection，特殊保护的需要，85—86

popular vote vs. electoral vote，大众选举与选举人选举，79—81

reasons for，选举人团的理由，76—77

reform of，选举人团的改革，87—88，145—146

remedial defect，可补救的缺陷，82—83

Senate and，参议院与选举人团，87—88

small states，小州，84—86

swing states，摇摆不定的州，83

unequal representation of voters，投票者的不平等，81—82，193

winner-take-all system，赢者通吃制度，82—83

winning with minority of popular votes，以大众的少数票赢得选举，80—81，192

Electoral systems，选举制度，35—36，55—61，188

Equal representation in Senate，参议院中的平等代表权，13—15，17—18，160—162。亦见不平等的代表权（Unequal representation）

Equal Rights Amendment，平等权利修正案，28

Factions，派系，派别，29—30，33

Federal courts，联邦法院，18—19

Federal Election Campaign Act，《联邦竞选法》，151—152

Federal systems，联邦制，12，43—50，51，54。亦见宪政体制（Constitutional systems）

Federalism，联邦主义，33，44—45，143

Federalist No. 10，《联邦党人文集》第10篇，29，33，34，179，181

137

Federalist No. 39，《联邦党人文集》第 39 篇，180-181

Federalist No. 68，《联邦党人文集》第 68 篇，76

Federalist Papers，《联邦党人文集》，63-64

Federalists and Federalist Party，联邦主义者和联邦党，24-26，29，30

Fifteenth Amendment，第 15 条修正案，28，160

Finland，芬兰，63

First Amendment，第 1 条修正案，26

"First-past-the-post" system，领先者当选制，56-62，100，188。亦见政党（Political parties）；两党制（Two-party systems）

Founding Fathers，开国元勋，4-5

Fourteenth Amendment，第 14 条修正案，28，160

Framers，制宪者。亦见制宪会议（Constitutional Convention）
    awareness of limitations，对局限性的认识，142
    defined，定义，4-5
    Founding Fathers distinguished，与开国元勋的区别，4-5
    limits of opportunities，机会上的限制，11-15
    practical limitations on，实践上的限制，9-10
    what they couldn't know，制宪者们所不知道的，7-39

France，法兰西，法国，26，58，63，71，98，173

Franchise，公民权。亦见选举（Elections）；选举权（Suffrage）；投票（Voting）

Freedom House，自由之家，98

French Revolution，法国革命，95

Fugitive Slave Laws，《逃亡奴隶法》，16

Fundamental rights，基本权利，51，97-99，136-138，153-154，155

Georgia，佐治亚，27，81

Germany，德国，46，98，137，173

Gerry, Elbridge，埃尔布里奇·格里，171

Gerrymandering，为政党利益划分选区，171-172

Gore, Al，艾尔·戈尔，81

Government，政府。亦见宪政体制（Constitutional systems）
    limits on，对政府的限制，143

索 引

　　majority rule，多数规则，36-37

　　popular rule，大众规则，24-25

　　proto-republican phase，初始共和阶段，21-22

　　republican，共和政府，11

　　requirements of self government，自治政府的条件，21-22

Greece，希腊，180

Gross National Product (GNP)，国民生产总值，116

Hamilton, Alexander，亚历山大·汉密尔顿，11，13-15，64，76，77

Hayes, Rutherford，卢瑟福·海斯，80

Head of state，国家元首，71，112。亦见总统（President）；总统制（Presidential systems）

House of Commons，下院，59，128

House of Lords，上院，17，45-46，128

House of Representatives，众议院，171，172，174

　　majorities in，众议院的多数，110

Hybrid systems，混合制，59，62，110-115，117-119，146-149，189

Iceland，冰岛，116

Incarceration，入狱率，117，191

Income inequality，收入不平等，92

Income taxes，所得税，28

Independent Commission on the Voting System，投票制度中的独立委员会，59

India，印度，130

Inequality of representation in Senate，参议院中的不平等代表权，144-145，154。亦见参议院（Senate）

Instant runoff，排序复选制，173

Ireland，爱尔兰，173

Israel，以色列，43，98，104

Italy，意大利，98，175

Jackson, Andrew，安德鲁·杰克逊，24，69，112

139

Japan，日本，43，71

Jay, John，约翰·杰伊，64，78

Jefferson, Thomas，托马斯·杰斐逊
    creation of political party by，杰斐逊创立的政党，24
    democracy and，民主与杰斐逊，10
    election of 1800，1800年选举，31，78
    foreseeing democratic republic，预见民主共和，25
    as Founding Father，作为开国元勋的杰斐逊，4-5
    opposed to Federalist policies，反对联邦党人的政策，32-33
    representative of popular will，大众意志的代表，69
    role in two-party politics，在两党政治中的角色，29-30
    slavery and，奴隶制与杰斐逊，125
    supporter of democratic republic 民主共和的支持者，23-25

Judicial legislation，司法立法，19，20，153-155

Judicial power，司法权，18-19

Judicial review of national legislation，对国家立法机构的司法审查，54-55

Judicial veto，司法否决，167

Lander，领地，43

Landowners，土地所有者，25，35-36

Legislation, judicial review of，立法的司法审查，54-55

Lijphart, Arend，阿伦德·利普哈特，103-104，117-118

Lincoln, Abraham，亚伯拉罕·林肯，69

Madison, James，詹姆斯·麦迪逊，5，7-8，162
    choosing chief executive，选择行政长官，17，66
    creation of political party by，政党的创立，24
    democratic revolution and，民主革命与麦迪逊，31-37
    drafting amendments，起草修正案，27
    early democrat，早期民主党，10
    Federalist Papers and，《联邦党人文集》与麦迪逊，33，64
    intention to create republic versus democracy，创造与民主相对的共和的意图，5-

索引

　　6，179-182

　　judicial power and，司法权力与麦迪逊，19

　　life of，麦迪逊生平，31-37

　　minority interest protection and，少数派利益保障与麦迪逊，51

　　opposed to Federalist policies，反对联邦党人的政策，32-33

　　political development of，政治发展，31-37

　　principle architect of Constitution，宪法的主要设计者，5

　　representative of popular will and，大众意志的代表，69

　　role in two-party politics，两党政治中的角色，29-30

　　Senate representation and，参议院中的代表制，13-15

　　separation of powers and，权力分立，65

　　small state protection and，小州的保护，52

　　supporter of democratic republic，民主共和的支持者，23-24

　　unequal representation and，不平等的代表权，84

Majoritarian systems，多数制，62，100-109，117-118，146-149，154，189

Majority，多数。亦见多数规则（Majority rule）

　　absolute majority，绝对多数，56

　　in House of Representative，众议院的多数，110

　　relative majority，相对多数，56，100

　　three majorities，三种多数，110

Majority rule，多数规则，36-37，50-54，101，165。亦见多数制（Majoritarian systems）

Mandate, presidential，总统的授权统治，69-70，113

Mason, George，乔治·梅森，19，27，32

Massachusetts，马萨诸塞，82

Mayhew, David，戴维·梅休，100-111

Mill, John Stuart，约翰·斯图尔特·密尔，60

Minorities，少数派。亦见非洲裔美国人（African Americans）

　　balancing rights and interests in representation，在代表中平衡权利与利益，50-54

　　eliminating discrimination against，消除歧视，28

　　geographical，地理上的少数，161，162

Minority parties，少数党，100

Monarchies，君主政体，11，65，70-71

Monroe, James，詹姆斯·门罗，69

Morris, Gouvemeur，古文纳·莫里斯，11，15，17，77

Multiparty systems，多党制，57-59，100，102。亦见宪政体制（Constitutional systems）

Native Americans，美洲原住民，16，128

Nazi Party，纳粹党，166

Nebraska，内布拉斯加，45

Netherlands，荷兰，98，104-105，106-107，108-109

New England town meetings，新英格兰市镇会议，150-151，160

New Hampshire，新罕布什尔，11

New York，纽约，49-50

New Zealand，新西兰，127，175

Nineteenth Amendment，第19条修正案，28

Norway，挪威，45，71，98，116

Parliamentary Commission，议会委员会，46

Parliamentary systems，议会制度，63，65-68，70-71，96

Partisan politics，党派政治，78-79

Party systems，政党制度，61-62，189。亦见宪政体制（Constitutional systems）；多党制（Multiparty systems）；政党（Political parties）；两党制（Two-party systems）

Peaceful democratic revolution，和平的民主革命，8-10，20

Plurality，简单多数，56，100

Political equality，政治平等，123-139

　　greater，更大的政治平等，128-130

　　important democratic value，重要的民主价值，4

　　justifiable goal，正当的目标，130-132

　　realistic goal，现实的目标，123-128

　　strategy for future，未来策略，156-157

　　threaten liberty，政治平等对自由的威胁，132-138

索 引

Political parties，政党，29-30，33-34，169，171-172。亦见宪政体制（Constitutional systems）；多党制（Multiparty systems）；两党制（Two-party systems）

Poll tax，人头税，28

Popular rule，大众规则，24-25

Preferential voting，优先排序投票，173

President，总统。亦见选举人团（Electoral college）；总统选举（Presidential elections）；总统制（Presidential systems）
    American hybrid system and，美国的混合制，111-115
    campaign speeches，竞选演说，112
    change in role of，总统角色的改革，155
    creation of，总统职位的创制，66-68
    election of，总统选举，16-17，73-89
    failure of Framers' design，制宪者设计的失败，68-72
    Framers' design for，制宪者对总统制的设计，64-68
    judicial review of actions，行为的司法审查，54-55
    mandate，授权统治，69-70，113
    myth of the presidential mandate，总统授权统治的神话，69-70
    role of，总统的角色，111-115

Presidential elections，总统选举
    of 1800，1800年总统选举，31，68，77
    of 1876，1876年总统选举，79-80
    of 2000，2000年总统选举，31，68，73，79-81

Presidential systems，总统制，62-72，96，143-144。亦见选举人团（Electoral college）；总统（President）

Prime ministers，总理，首相，63，70-71

Proportional representation，比例代表，173-175

Proportional systems，比例制，57，59，100-109，188，189。亦见宪政体制（Constitutional systems）；多党制（Multiparty systems）；政党（Political parties）

Proto-republican phase，原始共和阶段，21-22

Prussia，普鲁士，48

Pseudo-democratization，伪民主化，70

Reconstruction，重建，53

Regulatory powers，监管权，19

Relative majority，相对多数，56，100

Republican Party，共和党，29

Republican phase，共和阶段，22

Republicanism，共和主义，160

Republics，共和
 aristocratic，贵族共和，5-6
 citizen body of，共和的市民主体，25
 creation of，共和的创制，5
 democratic，民主共和，5-6，10，22-26
 form of government，政府形式，11，20
 proto-republican phase，原始共和阶段，21-22
 republican phase，共和阶段，22
 Roman，罗马共和，8
 selecting chief executive，选择行政长官，64-65
 Third Republic in France，法兰西第三共和国，71
 U.S. transition to democratic republic，美国向民主共和的转变，22-26
 Venetian，威尼斯，8
 versus democracy，与民主相对的共和，179-182

Revolution, peaceful democratic，和平的民主革命，8-10，20

Rhode Island，罗得岛，1-2

Rights，权利
 fair distribution of，权利的公平分配，176
 fundamental，基本权利，51，97-99，136-138，153-155
 minority interests，少数的利益，50-54

Roosevelt, Franklin D.，富兰克林·D·罗斯福，69

Roosevelt, Theodore，西奥多·罗斯福，69

Russia，俄国，41，50

Scotland，苏格兰，59

Second Continental Congress，第二届大陆会议，124

Self-government requirements，自治政府的条件，21-22

索 引

Senate，参议院
    choosing of senators，选择参议员，17
    constitutional amendment and，宪法修正案与参议院，154
    direct elections of senators，参议员的直接选举，28
    election of senators，选举参议员，28
    electoral college and，选举人团与参议院，87-88
    equal representation in，参议院中的平等代表权，13-15，17-18
    inequality of representation in，参议院代表权上的不平等，144-145，154
    majorities in，参议院中的多数，110
    representation in，参议院中的代表权，13-14
    unequal representation，不平等的代表权，48-50，144-145，148

Separation of powers，分权，权力分立，65

Seventeenth Amendment，第17条修正案，28

Sixteenth Amendment，第16条修正案，28

Slavery，奴隶制，13，15-16，27-28，53，124-125，175

Small states，小州，52-54，84-86

South Carolina，南卡罗来纳，82

Southern veto，南方的否决权，53

Soviet Union，苏联，41

Spain，西班牙，71

States，各州，43-44。亦见联邦制（Federal systems）
    constitutional amendments and，宪法修正案与各州，175
    judicial review of actions，行为的违宪审查，54
    representation in Senate，参议院的代表权，161，164
    role of，州的角色，12
    small，小州，52-54，84-86

Suffrage，选举权，16，34-36。亦见选举（Elections）；投票（Voting）
    African Americans，非洲裔美国人，28
    Britain，英国，127-128
    New Zealand，新西兰，127
    unequal representation and，不平等的代表权，47-50
    universal，普选，127

women，妇女的投票权，16，28，127，128，175

Super majorities，超级多数，164-167

Supreme Court，最高法院，55，152-155，167

Sweden，瑞典，12，45，71，116

Swing states，摇摆不定的州，83

Switzerland，瑞士，44，46，50，98，105-106，116

Taxation，税收，19，28，48

Third parties，第三党，83，100，103

Third Republic (France)，法兰西第三共和国，71

Thirteenth Amendment，第13条修正案，28，160

Tocqueville, Alexis de，亚历克西斯·德·托克维尔，4，23，126-127，133-135，177

Tories，托利党，30

Town meetings，市镇会议，150-151，180

Twelfth Amendment，第12条修正案，31，78

Twenty-Fourth Amendment，第24条修正案，28

Twenty-Sixth Amendment，第26条修正案，28

Two-party systems，两党制，29，56-58，61-62，100-103，100，169。亦见多党制（Multiparty systems）

Unequal representation，不平等的代表权，160-162，163-164，165。亦见参议院的平等代表权（Equal representation in Senate）
 balancing rights and interests，权利与利益的平衡，50-54
 second chamber，第二院，46-54，144-145，148
 slavery，奴隶制，53

Unitary systems，单一制，12，43-45

United States，美国
 bicameralism，两院制，46
 comparison with advanced democratic Countries，与其他发达民主国家比较，41-72，91-119
 democratic effectiveness，民主的效率，168-169

diversity，多样性，116

　　"first-past-the-post" system，领先者当选制，59，62，110-115，117-119，146-149，189

　　incarceration in，入狱率，117

　　majoritarian system，多数主义体制，62，189

　　monarchy and，君主制，71

　　performance of constitutional system，宪政体制的功能，91-119

　　presidential system，总统制，62-72

　　ranking，排名，117，190-191

　　size，规模，116

　　unequal representation，不平等代表权，48-49

Uruguay，乌拉圭，135，137

Veto，否决权，69

　　of constitutional amendments，对宪法修正案的否决权，160-61，164-65

　　judicial，司法否决权，19，167

　　by majorities，多数的否决权，165

　　Southern，南方的否决权，53

Vice president, election of，副总统的选举，31，78

Virginia Plan，弗吉尼亚方案，18-19，32，68

Virtual representation，虚拟的代表权，47

Vote of confidence，信任投票，70

Voting，投票，28，150。亦见选举（Elections）；选举权（Suffrage）

　　African Americans，非洲裔美国人，16，28，128，130

　　age，年龄，28

　　incentives，激励，170

　　India，印度，130

　　poll tax，人头税，28

　　preferential，优先排序投票，173

　　property tax classes，财产税分级，48

Wales，威尔士，59

Weimar Republic,魏玛共和国,166

Whigs,辉格党,30

White males,成年白人

 land owners,土地所有者,25

 voters,选民,79

Wilson, James,詹姆斯·威尔逊,13-15,52,54,73-74,75-76,84

Wilson, Woodrow,伍德罗·威尔逊,69,112

Women,妇女

 discrimination,歧视,28

 suffrage,选举权,16,28,127,128,175

Wyoming,怀俄明,50,81,162,164

鸣　谢

首先要感谢美国路易威尔大学的华世平教授推荐我翻译此书。2008年，我曾应华世平教授的邀请，在路易威尔大学做过一年访问学者，受益良多。

其次要感谢佟德志先生。本书曾于2007年由佟德志先生首次译出，比较准确地反映了原书的文意。此次翻译时，在很多地方参考了佟德志先生的译本。与那个译本不同的是，此次翻译，订正了一些小的误译，译文力图更简捷、流畅，注释尽量少加，因为网络的发达使人们能便利地获取相关信息。

还要感谢责任编辑徐海艳。拿到校样，看到密密麻麻的改动，很是感动。

本书在翻译时，曾由老同学、清华大学图书馆的吴冬曼惠借原书，一并致谢。

钱　镇

2015年8月

当代世界学术名著·政治学系列

现代政治分析（第六版）	［美］罗伯特·A·达尔 等
论民主	［美］罗伯特·A·达尔
民主及其批判	［美］罗伯特·A·达尔
美国宪法的民主批判（第二版）	［美］罗伯特·A·达尔
复合共和制的政治理论（第三版）	［美］文森特·奥斯特罗姆
使民主运转起来	［美］罗伯特·D·帕特南
民族—国家与暴力	［英］安东尼·吉登斯
现代性与自我认同	［英］安东尼·吉登斯
社会的构成	［英］安东尼·吉登斯
制度激励与可持续发展	［美］埃莉诺·奥斯特罗姆
第三波：20世纪晚期的民主化浪潮	［美］塞缪尔·P·亨廷顿
民主政体的崩溃	［美］胡安·林茨
欧洲自由主义的兴起	［英］哈罗德·J·拉斯基
民主理论的现状	［美］伊恩·夏皮罗
资本主义与社会民主	［美］亚当·普热沃尔斯基
美国注定领导世界？——美国权力性质的变迁	［美］约瑟夫·S·奈
伟大的社会转型：20世纪的经济思想与制度变迁	［美］马克·布莱思
遏制民族主义	［美］迈克尔·赫克特
利益集团社会（第5版）	［美］杰弗里·M·贝瑞 等
论全球秩序：权力、价值和国际社会的构成	［英］安德鲁·赫里尔
正义的制度：全民福利国家的道德和政治逻辑	［瑞典］博·罗思坦

How Democratic Is the American Constitution? 2e by Robert A. Dahl
Copyright © 2003 by Yale University
Originally published by Yale University Press.
Simplified Chinese version © 2015 by China Renmin University Press.
All Rights Reserved.

图书在版编目(CIP)数据

美国宪法的民主批判：第2版/(美)达尔著；钱镇译. —北京：中国人民大学出版社，2015.9
（当代世界学术名著. 政治学系列）
ISBN 978-7-300-21902-8

Ⅰ.①美… Ⅱ.①达…②钱… Ⅲ.①宪法-研究-美国 Ⅳ.①D971.21

中国版本图书馆 CIP 数据核字（2015）第 215774 号

当代世界学术名著·政治学系列
美国宪法的民主批判（第二版）
[美] 罗伯特·A·达尔（Robert A. Dahl） 著
钱镇 译
Meiguo Xianfa de Minzhu Pipan

出版发行	中国人民大学出版社		
社　　址	北京中关村大街 31 号	邮政编码	100080
电　　话	010－62511242（总编室）	010－62511770（质管部）	
	010－82501766（邮购部）	010－62514148（门市部）	
	010－62515195（发行公司）	010－62515275（盗版举报）	
网　　址	http://www.crup.com.cn		
	http://www.ttrnet.com（人大教研网）		
经　　销	新华书店		
印　　刷	北京东君印刷有限公司		
规　　格	155 mm×235 mm　16 开本	版　次	2015 年 10 月第 1 版
印　　张	10.5 插页 2	印　次	2015 年 10 月第 1 次印刷
字　　数	147 000	定　价	36.00 元

版权所有　侵权必究　印装差错　负责调换